Habilidades para la transformación digital. ADGD56

Alejandro Ballesteros García

ic editorial

Habilidades para la transformación digital. ADGD56
© Alejandro Ballesteros García

1ª Edición

© IC Editorial, 2024

Editado por: IC Editorial
c/ Cueva de Viera, 2, Local 3
Centro Negocios CADI
29200 Antequera (Málaga)
Teléfono: 952 70 60 04
Fax: 952 84 55 03
Correo electrónico: iceditorial@iceditorial.com
Internet: www.iceditorial.com

ISBN: 978-84-1184-457-4
Depósito Legal: MA 2570-2024

Impresión: PODiPrint
Impreso en Andalucía – España

Nota de la editorial: IC Editorial pertenece a Innovación y Cualificación S. L.

Especialidad formativa

Se entiende por especialidad formativa la agrupación de contenidos, competencias profesionales y especificaciones técnicas que responde a un conjunto de actividades de trabajo enmarcadas en una fase del proceso de producción y con funciones afines.

Las especialidades formativas de Uso General, Formación Complementaria, Formación Modular y las especialidades formativas dirigidas a la obtención de certificados de profesionalidad se incluyen en el Fichero de Especialidades del Servicio Público de Empleo Estatal para su gestión en todo el territorio nacional por cualquier Administración competente.

Las especialidades complementarias, pertenecen todas a la Familia profesional de Formación Complementaria (FCO) y tienen la consideración de formación transversal en áreas que se consideran prioritarias tanto en el marco de la Estrategia Europea para el Empleo y del Sistema Nacional de Empleo como en las directrices establecidas por la Unión Europea. Se consideran áreas prioritarias las relativas a tecnologías de la información y la comunicación, la prevención de riesgos laborales, la sensibilización en medio ambiente, la promoción de la igualdad, la orientación profesional y aquellas otras que se establezcan por la Administración competente.

Las especialidades de Certificado de profesionalidad tienen una duración especificada en su normativa reguladora.

En el resultado de la búsqueda, se muestran las unidades de competencia, todos los módulos formativos con su duración y las unidades formativas del certificado correspondiente, con su duración. Las horas del certificado, exclusivo de las especialidades de certificado de profesionalidad, con alta igual o superior a 2008, son las horas totales más las horas del módulo de Prácticas Profesionales no Laborales.

- ⮂ **Si la especialidad tiene unidades formativas,** las horas totales, presencial, distancia, teleformación serán igual a la suma de esas horas de las unidades formativas de los distintos módulos, sin que se repita ninguna Unidad formativa.

○ **Si la especialidad no tiene unidades formativas,** las horas totales, presencial, distancia, teleformación serán igual a las sumas de esas horas de los módulos formativos, eliminando las horas de los módulos repetidos.

https://sede.sepe.gob.es/especialidadesformativas/RXBuscadorEFRED/BusquedaEspecialidades.do

(Fuente: Servicio Público de Empleo Estatal)

Índice

Unidad de Aprendizaje 4
Gestión del negocio y productividad

Glosario

Bibliografía

OBJETIVOS GENERALES

Los objetivos generales del **ADGD56. Habilidades para la transformación digital,** son los siguientes:

- ➲ Dotar al alumnado de los conocimientos y las herramientas necesarias para poder realizar y adaptar su trabajo a las nuevas herramientas digitales.
- ➲ Identificar cómo transformar el entorno laboral mediante el uso de las nuevas tecnologías.
- ➲ Conocer las principales herramientas para la transformación digital.
- ➲ Analizar los beneficios de las redes sociales y del *marketing* digital.
- ➲ Gestionar procesos de negocio haciendo uso de herramientas digitales.

Unidad de Aprendizaje 1

Introducción a la transformación digital

Contenido

Objetivos

El objetivo general de esta Unidad de Aprendizaje es:

→ Identificar cómo transformar el entorno laboral mediante el uso de las nuevas tecnologías.

Los objetivos específicos de esta Unidad de Aprendizaje son:

→ Conocer los principios básicos de la transformación digital.

→ Identificar las tecnologías clave para la transformación digital.

→ Elaborar una estrategia para el proceso de transformación digital.

→ Diseñar un plan de transformación digital.

1. Introducción

Los nuevos hábitos de consumo están marcados por las demandas de una nueva generación, acostumbrada al uso habitual de internet y de las nuevas tecnologías, que prefiere las compras en línea y valora por encima de todo la inmediatez y la capacidad de acceder a los productos y servicios de una manera ágil y rápida.

Los empresarios no pueden ser ajenos a esta tendencia, si quieren sobrevivir en este ecosistema digital. Hablamos, pues, de una verdadera necesidad de transformación en la que empresas como Amazon, *Facebook,* AirB&B, Glovo, etc. han tomado la delantera basando su modelo de negocio en el aprovechamiento de las últimas herramientas tecnológicas para satisfacer las necesidades del cliente.

Para estudiar todos estos conceptos, acompañaremos a Lucía, una joven emprendedora que acaba de adquirir un antiguo local dedicado a la peluquería y a la imagen personal en el centro de una pequeña ciudad, y que tiene la firme convicción de que, para diferenciarse de sus competidores, tiene que adaptar su negocio a los nuevos tiempos.

2. Alcance de la transformación digital

☞ **HILO CONDUCTOR**

Lucía siempre ha sido una chica muy avispada; desde bien pequeña, siempre destacó por sus geniales ocurrencias que la hacían destacar entre sus compañeros de juegos. En realidad, nunca se ha sentido muy identificada con la idea de seguir el camino trazado y en todo momento ha preferido explorar nuevas alternativas. Por esta razón, siente que el negocio que acaba de adquirir no es sino una gran oportunidad para hacer las cosas de una manera diferente.

Desde la aparición del ser humano sobre la faz de la tierra, hemos asistido a una constante evolución de la tecnología que, como no podría ser de otro modo, ha marcado profundamente nuestra manera de vivir y de relacionarnos con los demás. Ya en la prehistoria podemos destacar importantes avances tecnológicos, como el uso del fuego, la invención de la rueda o la aparición de la agricultura como principal medio de subsistencia.

Más adelante, podemos fijarnos en hitos tan destacados como la aparición de los primeros sistemas de escritura en la Edad Antigua o la invención de la imprenta en la Edad Media, los cuales provocaron una profunda transformación en las sociedades de su tiempo.

En la Edad Contemporánea, podemos hablar de ciertos momentos en los que la aparición de nuevas tecnologías ha provocado profundos cambios en el modelo económico y en la estructura de la sociedad. Nos referimos a las denominadas **revoluciones industriales** que vamos a analizar a continuación:

- **Primera Revolución Industrial.** A partir del año 1784, se caracterizó por la invención de la máquina de vapor y el aprovechamiento de nuevas fuentes de energía, como el carbón. Estos avances supusieron una transición de una economía basada en la agricultura a una basada en la industria.
- **Segunda Revolución Industrial.** A partir del año 1870, la aparición de las máquinas automatizadas y de la producción en cadena provocó un espectacular aumento de la productividad y trajo consigo un nuevo orden económico y comercial, caracterizado por el desarrollo de la industria y la aparición de nuevas fuentes de energía, como la electricidad y el petróleo.
- **Tercera Revolución Industrial.** A partir del año 1970, con el desarrollo de la informática surge la llamada **sociedad de la información,** en la cual las nuevas tecnologías de la información y las comunicaciones (TIC), así como el aprovechamiento de nuevas fuentes de energía renovables han propiciado la aparición de nuevos inventos como los coches híbridos o las redes eléctricas inteligentes.
- **Cuarta Revolución Industrial.** A partir del año 2011, también llamada **Industria 4.0** o **Revolución Digital,** se basa en el hecho de que las nuevas tecnologías no solo se aplican a las empresas, sino que se integran en todos los ámbitos de la sociedad. Se basa en una serie de avances tecnológicos en diferentes campos como la robótica, la inteligencia artificial, la nanotecnología, etc.

2.1. Características de la cuarta revolución industrial

Como acabamos de ver, nos encontramos inmersos en el inicio de la Cuarta Revolución Industrial, también llamada **Industria 4.0,** que se caracteriza por los sistemas de fabricación informatizada, en los cuales se combinan las técnicas de producción con los últimos avances en tecnologías inteligentes.

Esta nueva Industria 4.0 ha traído consigo numerosas **ventajas** en el día a día de las empresas. Veamos, a continuación, algunas de las más destacadas:

Productividad
Los avances tecnológicos disminuyen los fallos e interrupciones en la producción, por lo que se optimiza el proceso y se minimizan los tiempos muertos.

Competitividad
Las nuevas tecnologías permiten el desarrollo de nuevos productos que cumplen con los más exigentes estándares de calidad, lo cual redunda en la satisfacción del cliente.

Seguridad en el trabajo
El uso de robots inteligentes para desarrollar las tareas más arriesgadas aumenta la seguridad de los trabajadores al disminuir su exposición a este tipo de situaciones peligrosas.

Protección de datos
Los nuevos algoritmos requieren una menor supervisión humana y, por tanto, disminuyen el riesgo de acceso a los datos por parte de personas no autorizadas. Garantizando así su confidencialidad.

 **APLICACIÓN PRÁCTICA**

El fabricante de automóviles BMW recientemente ha dotado a sus trabajadores de unas gafas inteligentes que les permiten visualizar en todo momento los diseños de los productos, las instrucciones de montaje y los planes de producción, consiguiendo así una disminución de los errores y de los tiempos de inactividad.

Como consecuencia de esta medida, ¿en cuál de las siguientes categorías crees que se producirá un beneficio más notable para la compañía?

- **Productividad**
- **Competitividad**
- **Seguridad en el trabajo**
- **Protección de datos**

Continúa en página siguiente >>

<< Viene de página anterior

Solución

Si bien el uso de estas gafas inteligentes también puede representar ciertas ventajas respecto a la competitividad de la empresa, la seguridad de los trabajadores o la protección de datos confidenciales, su mayor beneficio repercute en la productividad del trabajador, el cual cuenta con una gran ayuda para reducir su número de errores y minimizar sus períodos de inactividad.

----

3. Incorporación de la tecnología: planificación y análisis del nuevo entorno

☞ **HILO CONDUCTOR**

Lucía se ha propuesto orientar su nuevo negocio de peluquería hacia un tipo de clientela compuesta, en su mayoría, por gente joven que busca, ante todo, la agilidad y la comodidad de poder adquirir la mayor parte de los productos y servicios a través de las nuevas tecnologías. Se pregunta cómo podría integrar estas nuevas herramientas para que su empresa pudiera estar en conexión con este tipo de cliente y, de esta manera, diferenciarse de sus competidores.

En los últimos años, estamos asistiendo a grandes cambios en los que las nuevas tecnologías tienen cada vez más importancia en nuestra vida cotidiana, ya que nos facilitan la mayoría de las tareas de nuestro día a día.

Los expertos auguran que, a consecuencia de estos cambios, en los próximos años aparecerán nuevas oportunidades de negocio que traerán consigo nuevas profesiones como, por ejemplo, ingeniero de nuevas energías, arquitecto de casas inteligentes o especialista en transformación digital.

Veamos, a continuación, cuáles son las principales **tecnologías** responsables de que se estén produciendo todos estos cambios:

➲ **Internet de las Cosas.** Del inglés *Internet of Things* (IoT), ofrece la posibilidad de que los objetos de nuestra vida cotidiana se conecten a internet para hacer más sencillas nuestras tareas. Esta tecnología ha supuesto una auténtica revolución para las empresas, pues les permite obtener datos de todos aquellos puntos necesarios de una manera mucho más fácil y económica.

- **Impresión 3D.** Permite a las empresas reducir las cantidades de desperdicio de material y, al mismo tiempo, acelerar el prototipado de nuevos productos. Además, posibilita la fabricación de pequeños lotes de productos personalizados sin apenas encarecer los costes.
- ***Big data.*** Permite la recolección y el análisis de grandes cantidades de datos, ofreciendo así una información muy valiosa sobre el comportamiento de los procesos, lo cual permite crear predicciones sobre la demanda y ayuda a las empresas a definir estrategias comerciales.
- **Inteligencia artificial.** Se basa en la creación de sistemas y algoritmos capaces de aprender de forma autónoma a partir de la información que reciben. De esta manera, pueden tomar decisiones ante nuevas situaciones para las que no hayan sido programados de una manera explícita.
- **Robótica colaborativa.** Se utiliza el término *cobots* para referirse a una nueva generación de robots colaborativos diseñados para cooperar de manera estrecha con los humanos en su entorno de trabajo. Este tipo de robots ya se utilizan ampliamente en algunos sectores industriales como, por ejemplo, la automoción.
- **Realidad virtual y Realidad aumentada.** Se trata de una nueva tecnología que nos permite vivir una experiencia inmersiva y multisensorial en un nuevo espacio virtual compartido, en el que podemos relacionarnos social y económicamente con otros usuarios en forma de avatares. Pero también podemos encontrar este tipo de aplicaciones en todo tipo de actividades industriales, como, por ejemplo, la automatización de procesos, el control de la fabricación, la formación de los trabajadores o en los trabajos de mantenimiento.

 ACTIVIDAD COMPLEMENTARIA

1. Busca en internet algún ejemplo de aplicación de las tecnologías clave de la Industria 4.0 que acabamos de ver. Piensa en qué manera ha ayudado a la mejora del producto o servicio sobre el que se aplica. Finalmente, reflexiona sobre aquella tecnología que más podría desarrollarse en un futuro inmediato.

4. Desarrollo de estrategia y visión digital

☞ HILO CONDUCTOR

Lucía está muy concienciada de la necesidad de adaptar su negocio a los nuevos tiempos, para, así, estar en consonancia con los gustos y preferencias de las nuevas generaciones. Además, sabe que no va a tener ningún problema a la hora de integrar las nuevas tecnologías en su trabajo diario, pues está muy familiarizada con todas ellas. Sin embargo, no tiene muy claro qué estrategia debe seguir a la hora de acometer estos cambios.

En los últimos años, diversos autores han abordado sobre cómo debería ser la estrategia que deben seguir las empresas a la hora de enfrentarse a un proceso de transformación digital.

Algunos afrontan el problema desde un punto de vista más técnico y opinan que la clave del éxito radica en la capacidad que tenga la empresa para asumir los cambios tecnológicos necesarios para llevar a cabo una transformación digital.

Otros, en cambio, defienden que, más allá de la capacidad tecnológica de la empresa, la estrategia de transformación digital debe poner especial énfasis en identificar aquellas áreas de la compañía más propensas a beneficiarse de los avances tecnológicos.

Recogiendo lo más característico de ambos modelos, López (2020) propone un **modelo de estrategia de transformación digital** basado en **cuatro ejes fundamentales:**

- ➲ **Transformar los modelos de negocio.** No basta con realizar las mismas tareas apoyándose en las nuevas tecnologías, sino que es necesario repensar nuestro modelo de negocio, esta vez concebido para satisfacer las demandas de una sociedad digitalizada. Un claro ejemplo de esta transformación son los modelos de negocio basados en los viajes compartidos que nunca hubieran podido ver la luz si sus potenciales clientes no hubieran tenido acceso a internet y a las aplicaciones para dispositivos móviles.

- ➲ **Transformar la experiencia del cliente.** La experiencia de nuestros clientes es una de las claves que nos va a permitir adaptar nuestros productos y servicios al nuevo entorno digital. Para ello, podemos basarnos en los siguientes puntos:

◔ Analizar el comportamiento del cliente observando de qué manera consume nuestros productos o servicios.
◔ Recabar la opinión del cliente respecto a nuestros productos o servicios y respecto a la reputación de nuestra marca.
◔ Seleccionar los canales de conexión más adecuados en nuestra relación con el cliente.
◔ Diseñar estrategias de beneficio mutuo que hagan a nuestro cliente sentirse especial.

➲ **Transformar los procesos operacionales.** Se trata de optimizar todas aquellas tareas de negocio que contengan procesos operativos para así lograr ser más competitivos. Para ello, podemos ayudarnos de las siguientes pautas:

◔ Simplificar los procesos, eliminando todo aquello que resulte superfluo, y alinearlos con los objetivos de la empresa.
◔ Digitalizar los procesos con ayuda de las nuevas tecnologías de la información, con el objetivo de conseguir una automatización y estandarización de las tareas, con la consiguiente reducción de costes y tasas de error y un considerable aumento en la velocidad de respuesta frente a problemas inesperados.
◔ Recogida constante de datos sobre nuestros procesos para facilitar la toma de decisiones en tiempo real.
◔ Integración de nuestros sistemas unificando y fusionando aquellos elementos comunes en su gestión, para facilitar el control y la monitorización de los procesos.

➲ **Transformar las personas y los colaboradores.** Toda transformación de una empresa involucra inevitablemente a las personas que trabajan en ella. Por esta razón, los responsables de la dirección deben contar con ellas a la hora de emprender un cambio de tal calado. En este sentido, conviene tener en cuenta los siguientes aspectos:

◔ Captación y gestión del talento digital: en muchas ocasiones, nos vamos a encontrar con excelentes trabajadores que cumplen a la perfección sus tareas actuales, pero que carecen de las habilidades necesarias para afrontar la transformación digital de sus empresas. Así, los empresarios deberían fomentar el desarrollo de las capacidades digitales de sus empleados y, al mismo tiempo, tratar de captar aquellos perfiles con mejores competencias digitales para acometer con éxito la transformación digital.
◔ Compartir el conocimiento: una de las mejores técnicas para innovar consiste en la creación de equipos interdisciplinares para intercambiar sus conocimientos. Así, son cada vez más frecuente la creación

de intranets y redes sociales corporativas donde los empleados de una compañía intercambian sus ideas y colaboran entre sí.

◑ Trabajo distribuido y flexibilidad de los recursos: cada vez es más habitual que empresas líderes en su sector opten por el trabajo en red (ofreciendo a sus trabajadores la posibilidad de teletrabajar desde sus propios domicilios), así como la flexibilización de los horarios en pro de un trabajo por objetivos.

5. Plan de transformación digital

☞ HILO CONDUCTOR

Lucía está convencida de las muchas ventajas que suponen la transformación digital de su negocio de peluquería y está dispuesta a hacer uso de las nuevas tecnologías y a afrontar los cambios que sean necesarios. Sin embargo, son tantas cosas que no sabe muy bien por dónde empezar.

Las empresas de hoy en día se ven sumergidas en un mundo altamente competitivo donde han de saber adaptarse a los continuos cambios en las necesidades del cliente. Para ello, las nuevas tecnologías van a suponer una ayuda indispensable para afrontar esta transformación. No obstante, también será necesario elaborar previamente un **plan de transformación digital** que les ayude a no perder el rumbo en este proceso de constante cambio.

Los procesos de transformación necesitan de una planificación previa que los guíe hacia la consecución de sus objetivos.

 **DEFINICIÓN**

Plan de transformación digital

Plan estratégico centrado en la implantación, a largo plazo, de nuevas herramientas tecnológicas y nuevas formas de trabajo digital, con el objetivo de definir una estrategia para lograr ser más competente y eficiente en la realización de los procesos de negocio.

A la hora de diseñar un plan de transformación digital para nuestro negocio, habremos de seguir los siguientes **pasos:**

- **Definir las metas.** Es indispensable que nuestro plan cuente con una definición clara y comprensible de aquellos objetivos que queremos alcanzar y de las distintas acciones que debemos llevar a cabo para alcanzar dichos objetivos.
- **Conocer el mercado actual.** A la hora de definir nuestro plan, es muy importante tener en cuenta las necesidades de nuestros clientes. Si los objetivos que nos hemos marcado no están alineados con aquello que demandan nuestros clientes, nuestro plan no tendrá ningún futuro.
- **Analizar nuestros recursos y estimar un presupuesto.** Una vez que hemos definido nuestros objetivos, necesitamos hacer una estimación del esfuerzo necesario para implementar cada una de las acciones. De nada sirve un proyecto muy ambicioso, si sabemos que nunca lo vamos a poder llevar a cabo por falta de presupuesto.
- **Involucrar y capacitar a nuestro equipo.** Para que nuestro plan alcance los objetivos que nos hemos marcado, es necesario que todo el personal involucrado esté enterado de todos los cambios que se van a realizar. De igual modo, tenemos que propiciar en nuestros empleados y colaboradores una mentalidad abierta al cambio para que nuestro proyecto pueda desarrollarse sin complicaciones.
- **Escoger la tecnología adecuada.** A menudo, nos dejamos llevar por las últimas novedades tecnológicas y tendemos a incorporarlas a nuestros procesos de negocio sin ser muy conscientes del impacto que podrán tener en los mismos. Por esta razón, es vital para el éxito de nuestro proyecto que sepamos seleccionar aquellas tecnologías más adecuadas para poner en marcha las acciones necesarias para la consecución de nuestros objetivos.
- **Diseñar un proceso iterativo.** Es importante recordar que nuestro plan de transformación digital es un proyecto a largo plazo, por lo que no debemos tratar de implementar todas las acciones en un tiempo récord.

En su lugar, conviene definir un cronograma basado en la ejecución de una serie de iteraciones, en las cuales se irán acometiendo las acciones necesarias para alcanzar nuestros objetivos.

⮞ **Medir los resultados.** Al finalizar cada una de las acciones, conviene analizar los resultados que su implementación ha tenido sobre la empresa. Si los resultados no han sido los esperados, sería conveniente estudiar el origen de la causa y, si es necesario, efectuar las modificaciones necesarias y repetir el proceso hasta que el resultado sea satisfactorio.

 TAREA 1

En base a lo que hemos estudiado en esta unidad, ayuda a Lucía a transformar su negocio diseñando un plan de transformación digital para una empresa de peluquería y estética.

Dicho plan deberá contener, al menos, los siguientes puntos:

- Establecimiento de, al menos, un objetivo de transformación.
- Definición de las acciones necesarias para la consecución de los objetivos.
- Estudio de las demandas del cliente que se pretenden satisfacer con los objetivos.
- Elección de la tecnología necesaria para acometer las distintas acciones.
- Estimación del presupuesto.

6. Resumen

Desde sus orígenes, la humanidad ha experimentado cómo la aparición de nuevos avances tecnológicos ha modificado por completo su manera de vivir y de relacionarse con los demás. A partir de finales del siglo XVIII, se han ido sucediendo una serie de profundas transformaciones motivadas, en gran medida, por el desarrollo de nuevas tecnologías. A estas cuatro grandes transformaciones se les conoce con el nombre **revoluciones industriales:**

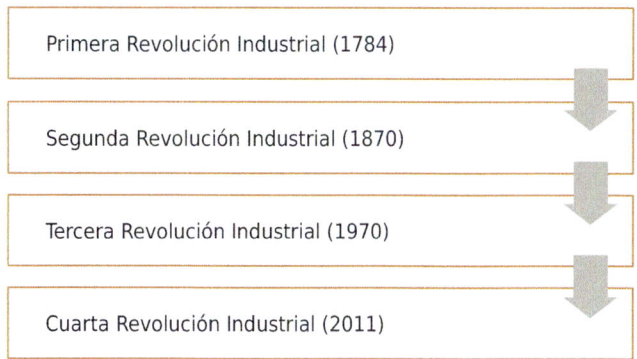

Primera Revolución Industrial (1784)

Segunda Revolución Industrial (1870)

Tercera Revolución Industrial (1970)

Cuarta Revolución Industrial (2011)

La **Cuarta Revolución Industrial o Industria 4.0,** en la cual estamos inmersos, se caracteriza por la aparición de una serie de sistema de producción inteligentes que han traído numerosas ventajas para las empresas:

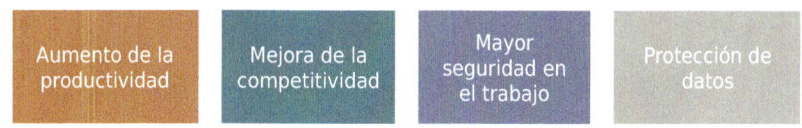

Aumento de la productividad

Mejora de la competitividad

Mayor seguridad en el trabajo

Protección de datos

Como ya hemos dicho, toda revolución industrial no es sino consecuencia de la aparición de una serie de desarrollos tecnológicos. En el caso de la Industria 4.0, se han identificado las siguientes tecnologías como principales responsables de esta transformación:

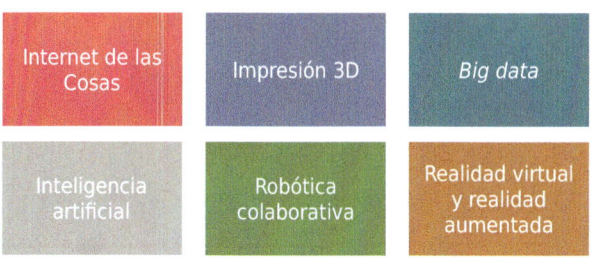

Internet de las Cosas

Impresión 3D

Big data

Inteligencia artificial

Robótica colaborativa

Realidad virtual y realidad aumentada

Surge así una verdadera necesidad por parte de aquellas empresas que no deseen quedarse fuera de esta Cuarta Revolución Industrial y emprender, cuanto antes, una transformación digital que les permita seguir siendo competitivas en un mercado cada vez más digitalizado.

Para llevar a cabo esta transformación digital, se propone seguir una estrategia basada en cuatro ejes fundamentales:

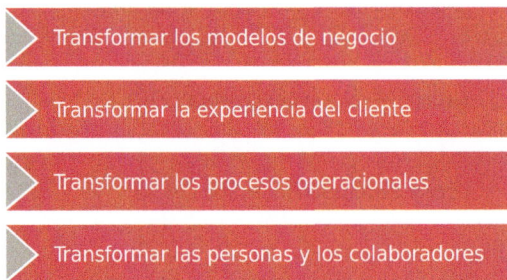

Para llevar a cabo dicha estrategia, resulta igualmente indispensable la elaboración un **plan de transformación digital** centrado en la implantación de las tecnologías necesarias para tal fin. Para ayudarnos a la confección de este plan, podemos seguir los siguientes pasos:

Ejercicios de autoevaluación
Unidad de Aprendizaje 1

1. **¿Cuál de las siguientes revoluciones surgió a partir del desarrollo de la sociedad de la información?**

   a. Primera Revolución Industrial
   b. Segunda Revolución Industrial
   c. Tercera Revolución Industrial
   d. Cuarta Revolución Industrial

2. **¿Cuál de las siguientes categorías se beneficia del uso de robots inteligentes para el desarrollo de las tareas más arriesgadas?**

   a. Productividad
   b. Competitividad
   c. Seguridad en el trabajo
   d. Protección de datos

3. **¿Cuál de las siguientes tecnologías se basa en la creación de sistemas y algoritmos capaces de aprender de forma autónoma?**

   a. Internet de las Cosas
   b. Impresión 3D
   c. *Big data*
   d. Inteligencia artificial

4. **¿En cuál de las siguientes tecnologías se utiliza el término *cobots*?**

   a. *Big data*
   b. Inteligencia artificial
   c. Robótica colaborativa
   d. Realidad aumentada y virtual

5. **Indica si la siguiente oración es verdadera o falsa: "La impresión 3D permite a las empresas la fabricación de pequeños lotes personalizados sin apenas encarecer los costes".**

   ■ Verdadero
   ■ Falso

6. **¿Cuál de las siguientes tecnologías permite a las empresas obtener datos de todos aquellos puntos necesarios de una manera mucho más fácil y económica?**

    a. Internet de las Cosas
    b. Impresión 3D
    c. *Big data*
    d. Inteligencia artificial

7. **¿Cuál de las siguientes tecnologías permite crear predicciones sobre la demanda, ayudando así a las empresas a definir sus estrategias comerciales?**

    a. *Big data*
    b. Inteligencia artificial
    c. Robótica colaborativa
    d. Realidad aumentada y virtual

8. **En la estrategia de transformación digital...**

    a. ... debemos hacer uso de todos los canales de conexión posibles para nuestra relación con el cliente.
    b. ... no basta con realizar las mismas tareas apoyándose en las nuevas tecnologías.
    c. ... no se recomienda simplificar los procesos para no perder información valiosa.
    d. ... no es recomendable la creación de equipos interdisciplinares.

9. **Un plan de transformación digital...**

    a. ... no debe decantarse por ninguna tecnología en concreto.
    b. ... debe implementar todas las acciones en el menor tiempo posible.
    c. ... no contempla la repetición de ninguno de los procesos.
    d. ... se trata de un plan estratégico a largo plazo.

10. ¿Cuál debería ser el primer paso del plan de transformación digital?

    a. Conocer el mercado actual
    b. Definir las metas
    c. Analizar los recursos
    d. Escoger la tecnología adecuada

Determinación de las herramientas de trabajo para el uso de la tecnología

Contenido

Objetivos

El objetivo general de esta Unidad de Aprendizaje es:

→ Conocer las principales herramientas para la transformación digital.

Los objetivos específicos de esta Unidad de Aprendizaje son:

→ Describir las herramientas básicas para el trabajo de oficina.

→ Implementar los elementos necesarios para el desarrollo de una reunión virtual.

→ Descubrir los beneficios del uso del correo electrónico corporativo.

→ Identificar las principales herramientas para el intercambio de información.

1. Introducción

Normalmente, cuando hablamos de transformación digital de las empresas tendemos a pensar en grandes multinacionales que siempre están a la vanguardia en todo lo relacionado con los últimos avances tecnológicos.

Sin embargo, no hemos de olvidar que, según el Parlamento Europeo, las grandes empresas solo representan el 1 %. Mientras que el 99 % restante de las empresas de la Unión Europea son pequeñas y medianas empresas (pymes) que no siempre pueden dedicar gran parte de su presupuesto a la investigación y la innovación digital.

Por este motivo, conviene tener muy en cuenta las necesidades específicas de las pymes como paso previo a la elaboración de un plan de transformación digital que les permita no quedarse a la zaga respecto a sus grandes competidores.

En esta unidad, estudiaremos las herramientas básicas para usar la tecnología en las principales tareas de gestión comunes a la mayoría de las pequeñas y medianas empresas.

Para estudiar todos estos conceptos, acompañaremos a Lucía que ha decidido ponerse manos a la obra en la transformación digital de su peluquería. Y, como no se puede empezar la casa por el tejado, su primer paso será familiarizarse con las herramientas básicas para digitalizar la gestión de su negocio.

2. Conocimiento de las herramientas básicas: ofimática, internet, soluciones en aplicaciones básicas de Microsoft (Excel, Word, Power Point, Outlook)

👉 **HILO CONDUCTOR**

Lucía lleva ya trabajando varios años en algunas peluquerías y siempre le ha llamado mucho la atención que sigan haciendo uso del teléfono y del clásico "lápiz y papel" para la gran mayoría de sus gestiones diarias. Para una chica del

Continúa en página siguiente >>

<< Viene de página anterior

siglo XXI todas estas técnicas se han quedado ya bastante anticuadas. Por este motivo, tiene claro que todo el trabajo administrativo de su nueva peluquería habrá de hacerse mediante herramientas informáticas.

Si echamos la vista atrás y observamos cómo era el trabajo en una oficina hace apenas 50 años, probablemente nos parecería un mundo completamente distinto al que conocemos hoy en día.

Antes de la llegada de los ordenadores, los trabajos propios de la gestión administrativa se basaban en la generación de numerosos documentos, que las secretarias se encargaban de mecanografiar y que, posteriormente, eran almacenados en enormes archivos físicos que ocupaban grandes espacios de las instalaciones de la empresa.

Hace 50 años, las secretarias eran las encargadas de transcribir y mecanografiar toda la documentación administrativa.

No fue hasta finales de la década de los 70 cuando comenzaron a aparecer los primeros microordenadores, destinados a realizar este tipo de trabajos de una manera más eficiente: sin necesidad de almacenar toda la documentación en formato papel y con la posibilidad de obtener, en cuestión de segundos, tantas copias como fueran necesarias.

 **DEFINICIÓN**

Ofimática

Conjunto de herramientas y aplicaciones informáticas diseñadas para facilitar todas las tareas relacionadas con la creación, edición, recuperación y distribución de información en un entorno empresarial o administrativo.

Más adelante, el desarrollo de la *World Wide Web* durante la década de los 90 supuso otro gran punto de inflexión en las tareas administrativas, pues, gracias a la interconexión global, las empresas tuvieron por primera vez la oportunidad de poder almacenar todos sus documentos en una ubicación remota y, progresivamente, ser capaces de prescindir de todo tipo de documentación impresa.

Hablamos, pues, de un proceso de digitalización que, mediante herramientas como los gestores documentales y los sistemas de firma digital, poco a poco van redundando en una organización más efectiva de toda la documentación necesaria para gestionar nuestra empresa.

Los sistemas de firma electrónica son un gran aliado en el proceso de digitalización de las empresas.

 **PARA SABER MÁS**

Si deseas profundizar en la transformación tecnológica de las pequeñas y medianas empresas, te recomendamos leer una publicación donde se encuentran diversas propuestas de innovación digital que el Parlamento Europeo ha puesto en marcha durante estos años. Para leerlo accede desde aquí:

https://redirectoronline.com/adgd560201

2.1. Beneficios del uso de aplicaciones ofimáticas en la empresa

Como acabamos de ver en el apartado anterior, el objetivo de la **ofimática** es el de automatizar las tareas documentales propias de una oficina para, así, aumentar la productividad laboral y realizar todos aquellos trabajos que anteriormente se realizaban de forma manual con mayor agilidad.

Hoy en día, las herramientas ofimáticas no solo se utilizan en los departamentos de administración de las empresas, sino que se ha expandido hacia la mayoría de puestos de trabajo. Hasta tal punto de que saber cómo manejar este tipo de herramientas se ha convertido en prácticamente una obligación para cualquier candidato a un puesto de trabajo.

De esta manera, el uso de la ofimática ha supuesto numerosos beneficios para las empresas. Veamos algunos de los más destacados:

Aumento de la productividad
La ofimática nos permite la automatización de tareas repetitivas, lo cual nos ahorra tiempo y esfuerzo. Por ejemplo, la funciones de autocompletar, copiar, pegar, corrección automática, etc. agilizan enormemente la redacción de documentos de texto.

Continúa en página siguiente >>

<< Viene de página anterior

Mejora de la presentación
Gracias al uso de aplicaciones ofimáticas, podemos crear fácilmente documentos, presentaciones y hojas de cálculo con un diseño profesional y atractivo.

Trabajo en equipo
Con las herramientas de colaboración en la nube, los equipos de trabajo pueden compartir documentos de una manera muy sencilla.

Análisis de datos
Las hojas de cálculo y las herramientas de *bussiness inteligence* permiten analizar datos complejos y generar fácilmente todo tipo de informes.

Organización y almacenamiento
Las bases de datos permiten almacenar los documentos digitales de una forma mucho más eficiente que si hubiera que hacerlo en papel impreso.

 SABÍAS QUE...

Evelyn Berezin fue una ingeniera informática estadounidense que, en el año 1970, tras analizar el tedioso trabajo que tenían que realizar las secretarias en las oficinas, tuvo la idea de crear el primer sistema para escribir y editar textos. El invento pretendía facilitar a las secretarias la realización de sus tareas más rutinarias, sin embargo, tuvo un efecto inesperado, ya que, al aumentar la eficiencia de su trabajo, los empresarios decidieron eliminar muchos de estos empleos.

 VÍDEO

Puedes ver a Evelyn Berezin en una de las entrevistas que concedió al *Computer History Museum* de California, accediendo desde aquí:

Continúa en página siguiente >>

<< Viene de página anterior

https://redirectoronline.com/adgd560202

2.2. Principales herramientas ofimáticas

Con la evolución de la ofimática, han ido apareciendo numerosas **herramientas** especializadas en la **automatización** de diversas **funciones.** Veamos algunas de las más relevantes:

- **Procesadores de texto:** se denominan así todos aquellos programas destinados a la creación y edición de documentos de texto. Este tipo de herramientas ofrecen todo tipo de funcionalidades como la inserción de gráficos e imágenes, inserción de números de página, corrección ortográfica y gramatical o la modificación del formato y el estilo del texto. Algunos ejemplos de este tipo de herramientas son *Microsoft Word, LibreOffice Writer o Corel WordPerfect.*
- **Hojas de cálculo:** este tipo de aplicaciones permiten organizar y manipular diferentes tipos de datos numéricos, realizar cálculos complejos y crear todo tipo de gráficos estadísticos. Algunos ejemplos de este tipo de herramientas son *Microsoft Excel, LibreOffice Calc y Lotus 1-2-3.*
- **Programas de presentación:** estos programas permiten crear, de una manera realmente sencilla, todo tipo de presentaciones visuales en las que podemos combinar textos, gráficos e imágenes para comunicar nuestras ideas de una manera más efectiva. Algunos ejemplos de este tipo de herramientas son *Microsoft PowerPoint, LibreOffice Impress o Freelance Graphics.*
- **Gestores de bases de datos:** se trata de un tipo de programas cuyo principal objetivo es el almacenamiento, organización y recuperación de grandes volúmenes de datos estructurados. Así, por ejemplo, podemos utilizarlos para gestionar los libros de una biblioteca, los clientes de una gran empresa o los proyectos de una ONG. Algunos de los gestores de bases de datos más conocidos son *Microsoft Access , LibreOffice Base o Lotus Approach.*

- **Planificadores:** son aquellos programas destinados a facilitarnos las tareas de planificación y seguimiento de todo tipo de actividades y proyectos. Suelen incluir funcionalidades como creación de agendas y calendarios o la organización de equipos de trabajo. Algunos ejemplos de este tipo de herramientas son *Microsoft OneNote, Trello* o *Lotus Organizer.*
- **Clientes de correo electrónico:** permiten el envío y recepción a través de internet de todo tipo de mensajes de correo en los que, además de texto escrito, podemos adjuntar todo tipo de archivos y documentos. Algunos de los clientes de correo más conocidos son *Microsoft Outlook* y *Mozilla Thunderbird.*

 APLICACIÓN PRÁCTICA

Lucía sabe que una de las claves para la transformación digital de su negocio de peluquería es poder llevar un control de sus clientes. Necesitaría, por tanto, alguna aplicación ofimática que le permitiera crear una ficha para cada uno de ellos, donde poder almacenar sus datos personales y registrar cada uno de los servicios que se le facturan. Con toda esta información podría tener un mayor conocimiento de las necesidades de su clientela y ofrecerles un servicio que se ajustara a sus principales demandas.

¿Cuál de las siguientes herramientas crees que sería la más adecuada para este propósito?

- *Corel WordPerfect*
- *Microsoft Access*
- *LibreOffice Impress*
- *Lotus Organizer*

Solución

De todas las opciones, *Microsoft Access* es la única herramienta que nos va a permitir crear una pequeña base de datos en la que almacenar los datos de cada uno de nuestros clientes y registrar todos los servicios que les facturamos.

2.3. Internet y trabajo en la nube

Con la llegada del nuevo milenio, se produjo un espectacular salto en el desarrollo de las comunicaciones. En consecuencia, el acceso universal a internet se hizo una realidad. Todo ello trajo consigo un cambio de paradigma en las relaciones empresariales que, cada vez más, se producen haciendo uso de las nuevas tecnologías de la comunicación.

El desarrollo de internet ha permitido a las empresas basar su negocio en las nuevas tecnologías de la comunicación.

En este contexto, apareció *Google,* una de las mayores empresas de internet, quien desarrolló una completa *suite* ofimática completamente *online* (no es necesario que la instalemos en ninguno de nuestros dispositivos, sino que podemos acceder a sus aplicaciones a través de nuestro navegador web) y que facilita enormemente la colaboración entre los distintos miembros de un equipo de trabajo: reuniones *online,* planificación de tareas, intercambio de correos electrónicos, edición de documentos de forma colaborativa, etc. Todo ello dentro una misma plataforma distribuida.

Esta plataforma *online* fue bautizada inicialmente como *Google G Suite,* aunque, posteriormente, pasó a llamarse *Google Workspace.*

Veamos, a continuación, las distintas **herramientas** que incorpora ***Google Workspace:***

⮕ ***Gmail.*** Quizá una de las aplicaciones más populares de *Google* y que, mediante la creación de una cuenta de usuario de *Google,* permite el acceso al resto de aplicaciones de la *suite.* Ofrece hasta 15 GB de almacenamiento en su versión gratuita.

- **Google Drive.** Se trata de un servicio de alojamiento de archivos en la nube que permite la sincronización entre distintos dispositivos, así como la capacidad de compartir nuestros documentos con otros usuarios de una manera muy sencilla.
- **Google Calendar.** Nos permite gestionar nuestra agenda, planificar actividades, reuniones y establecer todo tipo de avisos y recordatorios. Permite, asimismo, la creación de calendarios grupales y compartirlos con nuestro equipo de trabajo.
- **Google Chat.** Se trata de un canal de comunicación corporativo que permite establecer conversaciones informales con el resto de los miembros de nuestro equipo de trabajo.
- **Google Meet.** Es una aplicación que permite realizar videollamadas entre distintos usuarios. Así, podemos establecer todo tipo de reuniones con nuestro equipo de trabajo, independientemente de si se encuentran presencialmente en las oficinas de la compañía o están trabajando en remoto.
- **Google Docs.** Se trata de una aplicación que permite crear y editar textos en la nube, sin necesidad de instalar ningún programa en nuestros dispositivos. Es también una herramienta colaborativa que permite que varias personas trabajen en el mismo documento de forma simultánea.
- **Google Sheets.** Es una aplicación de hoja de cálculo que nos permite crear, editar y compartir este tipo de documentos de forma *online*. Igualmente, permite que varias personas trabajen en una misma hoja de cálculo de manera simultánea.
- **Google Forms.** Se trata de una aplicación que nos ofrece la posibilidad de crear formularios en línea de una manera realmente sencilla. Una vez creado el formulario, tan solo nos resta compartir la URL de acceso con todas aquellas personas a las que se lo queramos hacer llegar para que lo puedan cumplimentar. Todas las respuestas recibidas se almacenan automáticamente en una hoja de cálculo de *Google Sheets*.
- **Google Slides.** Es una herramienta *online* con la que vamos a poder crear y compartir todo tipo de presentaciones *online*. Su mayor ventaja reside en su facilidad de uso, ya que nos ofrece múltiples plantillas con atractivos diseños y resulta realmente sencillo integrar todo tipo de imágenes y contenidos multimedia. Al igual que el resto de las aplicaciones de esta *suite,* permite el trabajo colaborativo, por lo que varias personas pueden trabajar simultáneamente en una misma presentación.
- **Google Sites.** Esta herramienta nos ofrece la posibilidad de crear páginas webs sencillas en cuestión de minutos. Resulta muy interesante a la hora de crear blogs o, simplemente, una página web básica donde colgar información relevante para nuestro equipo de trabajo: proyectos, eventos, cursos de formación, etc.
- **Google Keep.** Se trata de una aplicación que nos permite crear y organizar pequeñas notas donde podemos escribir nuestras ideas o tareas importantes. Además, podemos agregar recordatorios, establecer

fechas límite o compartirlas con los demás miembros de nuestro equipo de trabajo.

Herramientas de *Google Workspace*

Gmail	Google Drive	Google Calendar
Google Chat	Google Meet	Google Docs
Google Sheets	Google Forms	Google Slides
Googles Sites	Google Keep	

2.4. Soluciones en aplicaciones básicas de *Microsoft*

La *suite* ofimática *Microsoft Office* se ha convertido en un estándar de facto tanto en el ámbito profesional como en el doméstico. Su facilidad de uso y sus prestaciones avanzadas han convertido a sus aplicaciones en las mejores aliadas para realizar prácticamente cualquier trabajo administrativo. Sin embargo, esta *suite* ha recorrido un largo camino hasta alcanzar esta posición.

Microsoft Office se ha convertido en la suite ofimática más popular entre los usuarios.

Aunque algunas de sus herramientas ya existían por separado, no fue hasta el año 1989 cuando *Microsoft* lanzó su primera versión **Microsoft Office 1.0,** que, curiosamente, solo lo hizo para la plataforma Mac.

Un año más tarde aparecería la primera versión para *Windows 2.0,* que tan solo agrupaba las últimas versiones de los programas que ya estaban disponibles para *MS-DOS.* Pues, en aquellos tiempos, *Windows* aún no tenía la categoría de sistema operativo y funcionaba como una **capa de presentación** que hacía más cómoda la experiencia de usuario.

Desde entonces, a medida que evolucionaba el sistema operativo *Windows,* se iban sucediendo distintas versiones de *Office* hasta llegar a la actual **Microsoft Office 365,** claramente orientada al trabajo colaborativo a través de la nube.

 ACTIVIDAD COMPLEMENTARIA

2. Aunque, hoy en día, estamos más que acostumbrados a trabajar con la última versión de *Microsoft Office,* seguramente te sorprenderá lo mucho que esta *suite* ha cambiado desde sus inicios (interfaz, herramientas incorporadas, sistemas operativos compatibles, etc.).

   Busca en internet la evolución de *Microsoft Office*, desde su primera versión para *Windows* de 1990 hasta la novedosa *Office 365*, y elabora una pequeña tabla resumen con las novedades que se incorporaron en cada versión.

Herramientas

Actualmente, la última versión de **Microsoft 365** está enfocada al trabajo colaborativo con almacenamiento en la nube e incluye las siguientes **herramientas:**

- **Word.** Se trata de un procesador de textos con numerosas plantillas y estilos adicionales para crear todo tipo de documentos con elementos multimedia (imágenes, tablas, gráficos, vídeos e hiperenlaces).
- **Excel.** Se trata de un programa de hojas de cálculo que permite insertar gráficas, estadísticas y tablas dinámicas. Además, tiene soporte para lenguajes de programación de macros, con lo que podemos automatizar numerosas tareas y crear hojas de cálculo completamente personalizadas.
- **PowerPoint.** Es un programa que permite crear todo tipo de presentaciones de diapositivas. Destaca por su facilidad de uso y su interfaz similar a la de *Word*.
- **Defender.** Se trata de un antivirus destinado a la búsqueda y prevención de todo tipo de amenazas y *software* malicioso.
- **Onedrive.** Se trata de un servicio de alojamiento de archivos en la nube que nos permite compartir nuestros documentos con otras personas, así como sincronizarlos entre todos nuestros dispositivos.
- **Outlook.** Es un programa de correo electrónico que incluye una agenda donde podemos almacenar nuestros contactos, así como un completo calendario para planificar nuestras reuniones de trabajo.
- **Editor.** Se trata de un asistente de escritura, potenciado por inteligencia artificial, que se integra con *Word* y *Outlook* para ayudarnos con la redacción de nuestros correos y documentos de texto.
- **OneNote.** Se trata de un programa que permite crear y compartir notas sin las limitaciones propias del procesador de texto. Resulta muy intuitivo y fácil de manejar.
- **ClipChamp.** Es un editor de vídeo destinado a usuarios domésticos sin conocimientos avanzados. Facilita la combinación de vídeos, imágenes y archivos de audio y permite agregar textos y todo tipo de efectos de una manera muy sencilla.

Herramientas de *Microsoft 365*

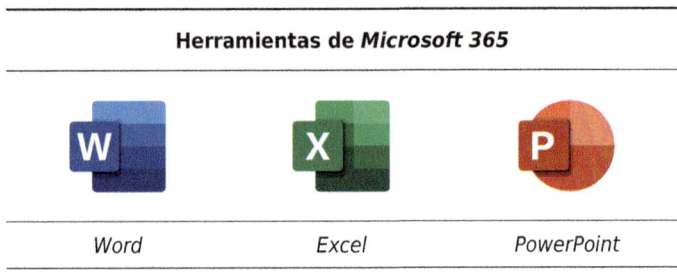

| Word | Excel | PowerPoint |

Continúa en página siguiente >>

<< Viene de página anterior

Herramientas de *Microsoft 365*		
Defender	Onedrive	Outlook
Editor	OneNote	ClipChamp

Versiones

Tradicionalmente, *Microsoft* ha querido ofrecer todos sus productos en distintas versiones, según los usuarios finales a las que estuvieran destinadas. Así, a la hora de adquirir esta *suite* ofimática podemos optar por una de las siguientes opciones:

Microsoft 365 Personal
Ofrece una licencia unipersonal que puede utilizarse hasta en cinco dispositivos de forma simultánea, a cambio de una suscripción anual. Incluye 1 TB de almacenamiento en la nube y la posibilidad de acceso a los documentos, aunque no dispongamos de conexión a internet.

Microsoft 365 Familia
Por una cuota anual algo más elevada que la versión personal, nos ofrece una licencia para un máximo de seis personas y cinco dispositivos simultáneos. Incluye 6 TB de almacenamiento en la nube y acceso a los documentos sin conexión.

Continúa en página siguiente >>

<< Viene de página anterior

> **Office Hogar y Estudiantes**
> Única versión que permite la compra a través de un pago único para un único dispositivo. Ofrece únicamente las versiones clásicas de *Word*, *Excel* y *PowerPoint* (no incluye el resto de las aplicaciones de la suite Microsoft 365) y únicamente está disponible para su uso personal (no comercial).

3. Herramientas de comunicación (videoconferencias y reuniones *online*): *WhatsApp, Zoom, Google Meet, Skype...*

👉 HILO CONDUCTOR

A Lucía una de las tareas que más le cuesta de su trabajo como peluquera es tratar de encontrar un hueco para atender a los comerciales de sus proveedores. Sabe que es una tarea importante, pues le permite estar al tanto de las últimas novedades y elegir personalmente los productos que va a comprar, pero nunca encuentra tiempo para ello, porque siempre tiene algún cliente que atender. Por ello, se pregunta si no habría alguna manera más sencilla de poder reunirse con los comerciales fuera del horario de comercio y que estos pudieran mostrarle los nuevos productos de su catálogo.

Durante los últimos años, el fenómeno de la globalización ha influido enormemente en nuestros hábitos de vida: en nuestro trabajo, en nuestra forma de adquirir productos y servicios, incluso en cómo empleamos nuestro tiempo libre.

Gracias a las nuevas tecnologías, podemos adquirir cualquier producto o servicio de cualquier parte del mundo y tenerlo en nuestras manos en cuestión de días, navegamos por webs de contenidos que se encuentran alojados en servidores remotos e, incluso, cada vez más son las empresas que contratan a sus profesionales en la modalidad de teletrabajo 100 %, permitiéndoles así fijar su residencia en cualquier parte del mundo, con tal de que disponga de una conexión a internet.

El teletrabajo permite a los profesionales fijar su residencia en cualquier lugar del mundo.

3.1. Ventajas del uso de videoconferencias y reuniones *online*

Como ya hemos visto en el apartado anterior, muchas empresas están optando por ofrecer a sus empleados la posibilidad de trabajar en remoto, desde su propio domicilio.

En este contexto, es muy común el uso de herramientas de videoconferencia para mantener reuniones virtuales con el resto de miembros del equipo de trabajo y salvar, en la medida de lo posible, los obstáculos que puedan suponer el hecho de no poder trabajar codo con codo.

El uso de este tipo de herramientas no solo supone una ventaja para el trabajador, que le libera de la necesidad de trasladarse físicamente a la oficina, sino también para las empresas, que se ven beneficiadas en múltiples **aspectos:**

- **Eficiencia.** Al no tener que trasladarse hasta la sede de la compañía, los empleados optimizan su tiempo de trabajo y realizan sus tareas de manera más eficiente.
- **Ahorro.** Permite a los empleados trabajar desde sus domicilios, por lo que las empresas no necesitan alquilar oficinas tan grandes, ni tampoco gastar tanto dinero en suministro eléctrico, limpieza o climatización.
- **Productividad.** Las empresas pueden contratar a empleados de cualquier parte del mundo y aprovechar las diferencias horarias para establecer distintos turnos de producción. De este modo, mientras que en una zona geográfica están descansando, en otra puedan estar a pleno rendimiento.

- **Competitividad.** Gracias a las videoconferencias, las empresas pueden acceder a mercados extranjeros y negociar con otras empresas ubicadas en cualquier punto del globo, por remoto que sea.
- **Relación con el cliente.** Permite a los comerciales atender a las demandas de sus clientes, ofreciéndoles un trato mucho más cercano que si simplemente se enviaran correos electrónicos o les hicieran una llamada telefónica de voz.

3.2. Elementos de una videoconferencia

Aunque, como veremos más adelante, la mayoría de los programas de videoconferencia son bastante sencillos de utilizar, existen una serie de **factores** que debemos tener en cuenta a la hora de organizar una reunión por videoconferencia:

- **Ubicación.** Intenta que el espacio que utilices para conectarte a la reunión sea lo más aislado y silencioso posible. Lo ideal sería utilizar un despacho o una estancia dedicada exclusivamente al trabajo o, de no ser posible, buscar algún rincón lo suficientemente alejado de las demás actividades domésticas.
- **Conexión a internet.** Es vital que el lugar elegido para la videoconferencia tenga una conexión a internet (inalámbrica o cableada) con una calidad suficiente para que no entorpezca el desarrollo de la reunión. Si la señal no es buena, pueden producirse pequeñas interrupciones en la imagen o en el sonido que dificultarán la comunicación.
- **Fondo agradable.** Aunque *a priori* no pueda parecer muy importante, es importante que el fondo que aparezca en tu imagen sea lo más agradable posible para nuestros interlocutores. Un fondo demasiado llamativo o desordenado distraerá su atención y nuestros mensajes perderán toda su eficacia.
- **Encuadre de la imagen.** Debemos buscar un encuadre que favorezca nuestra imagen. Conviene colocar la cámara de tal forma que nuestra imagen quede lo más centrada y frontal posible. Resulta muy incómodo hablar con alguien que literalmente está mirando hacia otro lado, porque ha colocado su cámara de forma lateral y constantemente dirige su mirada hacia la pantalla que tiene frente a sí.
- **Iluminación básica.** Es algo muy habitual en muchas de las videoconferencias de trabajo que alguno de los interlocutores se encuentre de espaldas a una ventana o una fuente de luz y el resto de los asistentes no puedan ver más que una persona en penumbras. Para evitar que esto nos ocurra, debemos colocarnos frente a una luz (al ser posible luz natural) que nos ilumine frontalmente y que, así, todos puedan vernos bien.

➲ **Sonido.** Si nos conectamos a una videoconferencia desde una habitación vacía (o con pocos muebles), nuestra voz rebota en las paredes y se producen una serie de ecos y reverberaciones que afectan gravemente a la calidad del sonido. Para evitarlo, existen paneles profesionales compuestos de material que amortigua el sonido. Aunque también podemos obtener muy buenos resultados instalando objetos como colchones, cojines o mantas en las paredes, techos y demás superficies lisas.

3.3. Herramientas de videoconferencia

Actualmente, existen en el mercado numerosas herramientas y programas que nos van a permitir realizar todo tipo de videoconferencias y reuniones *online*. Veamos, a continuación, algunas de las más populares:

➲ *Skype.* Es quizá el programa de videollamadas más conocido (y el más veterano, ya que se lanzó en el 2003). Se trata de un *software* que permite comunicaciones de texto, voz y vídeo a través de internet con, hasta un máximo, de 10 personas simultáneas. Se puede utilizar directamente desde nuestro navegador web o bien descargar la aplicación instalable para móvil, tableta u ordenador de sobremesa.

➲ *WhatsApp.* Es el servicio de mensajería instantánea más utilizado en nuestro país y permite también realizar videollamadas grupales con hasta un máximo de 8 personas. Para hacer uso de las videollamadas es necesario instalar su aplicación, disponible para dispositivos *Android, iOS, Mac y Windows PC.*

➲ *Facetime.* Se trata de la aplicación de llamadas de voz y videollamadas de *Apple.* Permite realizar videoconferencias con hasta un máximo de 32 personas simultáneas, aunque únicamente está disponible para la familia de *dispositivos iOS: iPhone, iPad, Mac o iPod touch.*

➲ *Jitsi Meet.* Se trata de una plataforma gratuita y de código abierto que permite realizar videollamadas con un número ilimitado de participantes. Permite grabar la videoconferencia, abrir un canal de chat para intercambiar mensajes de texto y compartir nuestra pantalla con el resto de los participantes. Además, permite retransmitir nuestra reunión en directo a través de *Youtube Live* con calidad HD.

➲ *Zoom.* Se trata de la aplicación de videollamadas que se hizo más popular durante los primeros meses de la pandemia del COVID-19 (llegando a alcanzar los 477 millones de descargas en el año 2020). Aunque ofrece distintos planes de pagos, cuenta con una versión gratuita que nos permite organizar reuniones de hasta 40 minutos de duración con hasta 100 participantes de forma simultánea.

➲ *Google Meet.* Se trata de, quizá, la opción más sencilla de usar (siempre y cuando dispongamos de una cuenta de *Google),* pues se encuentra perfectamente integrada en su ecosistema de aplicaciones de oficina. Puede utilizarse de forma directa a través de su versión web o bien descargar la aplicación en nuestro dispositivo móvil.

- **Microsoft Teams.** Es una plataforma de comunicación y colaboración desarrollada por *Microsoft* que combina la opción de chat de texto, videoconferencia, almacenamiento de archivos compartidos e, incluso, la capacidad de integrar otras herramientas de planificación ajenas. Permite conectarse directamente a través de su versión web o bien descargar su aplicación en nuestro ordenador o dispositivo móvil. La versión gratuita nos permite organizar reuniones de hasta 60 minutos, con 100 participantes simultáneos y hasta 5 GB de almacenamiento en la nube.
- **Discord.** Originalmente, se concibió como un programa de mensajería diseñado para que los jugadores de videojuegos pudieran conversar durante sus partidas *online*. Sin embargo, también ofrece una opción para realizar videoconferencias, compartir pantalla y grabar las sesiones. Todo ello de manera gratuita.
- **Webex Meetings.** Se trata de una aplicación de videoconferencia profesional desarrollada por la empresa Cisco Webex. Permite organizar reuniones *online* en HD, utilizando cualquier tipo de dispositivo. Su principal ventaja reside en su facilidad de uso, ya sea para organizar una reunión o para unirse a una (con tan solo hacer clic en el enlace de invitación). Permite, igualmente, compartir nuestra pantalla y grabar el contenido de la reunión. En su versión gratuita, nos va a permitir crear reuniones de hasta 40 minutos y hasta 100 participantes simultáneos.

Herramientas de videoconferencia

SKYPE	WHATSAPP	FACETIME
JITSI MEET	ZOOM	GOOGLE MEET

Continúa en página siguiente >>

<< *Viene de página anterior*

Herramientas de videoconferencia

| MICROSOFT TEAMS | DISCORD | WEBEX MEETINGS |

Ejemplo

Veamos cómo podemos crear una reunión por videoconferencia haciendo uso de la plataforma *Microsoft Teams:*

1. Accedemos a la plataforma *Microsoft Teams* con nuestro usuario y contraseña (podemos usar la versión web o la aplicación de escritorio).

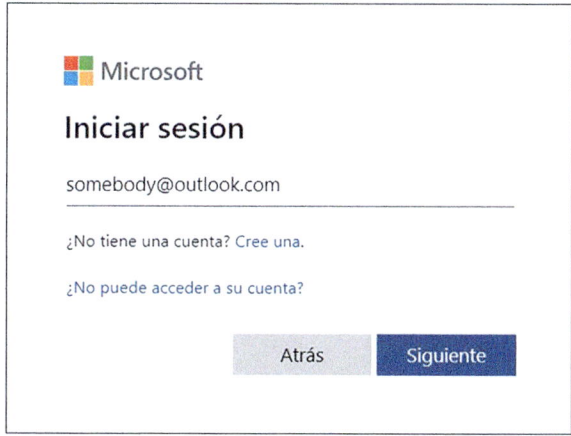

2. En el menú principal, hacemos clic sobre la opción **Calendario.**

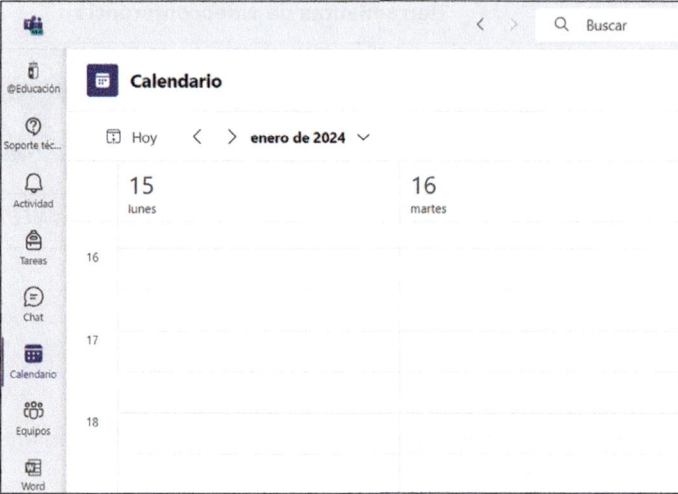

3. Seleccionamos el día y la hora de la reunión y cumplimentamos los detalles: título de la reunión, ubicación y una breve descripción de los asuntos que se van a tratar.
   En el campo asistentes, de momento, solo podremos añadir a aquellos que pertenezcan a nuestra organización (más adelante veremos cómo añadir a personas externas).

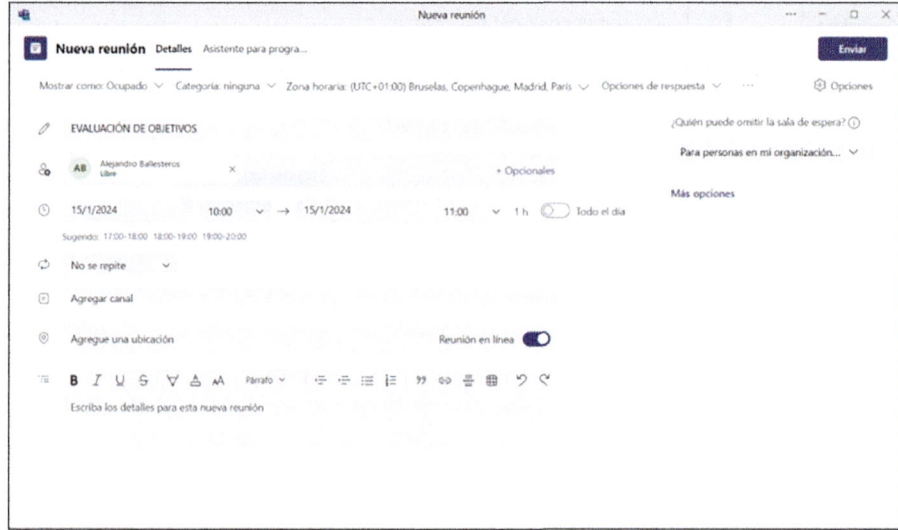

4. Pulsamos el botón de **Guardar** (la reunión aparece en nuestro calendario).

5. Si queremos invitar a algún asistente que no pertenece a nuestra organización, hacemos de nuevo clic sobre la reunión y copiamos la información que nos aparece sobre la misma: enlace para acceder, ID de la reunión y código de acceso.

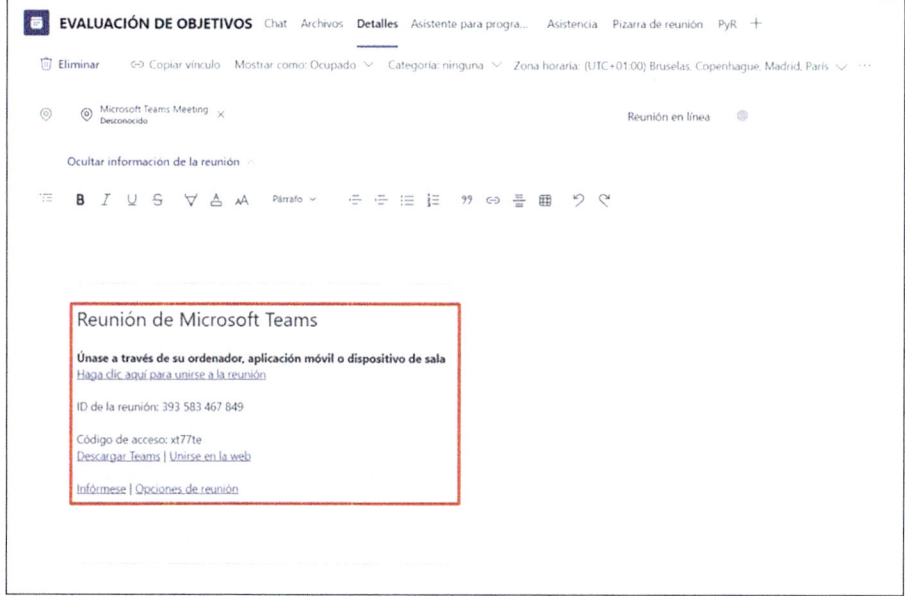

6. Enviamos dicha información por correo electrónico o cualquier otro medio. Los asistentes podrán unirse a la reunión simplemente pulsando el enlace. No es necesario que tengan instalado *Microsoft Teams,* ni que se hayan creado previamente una cuenta de usuario.

 TAREA 2

Lucía quiere contactar con un proveedor extranjero líder en la comercialización de una nueva línea de productos para peluquería que está teniendo muy buena aceptación entre los consumidores. Al tratarse de una nueva empresa que aún no se ha implantado en nuestro país, no le queda más remedio que reunirse con ellos por videoconferencia.

Aprovechando lo que hemos aprendido en esta unidad, ayuda a Lucía a organizar su videoconferencia. Para ello, puedes hacer uso de cualquiera de las plataformas que hemos estudiado (procura elegir aquella que mejor se adapte al objetivo de la reunión).

Elabora un pequeño informe sobre los pasos que has seguido para organizar la reunión: creación de la cuenta, programación de la sesión virtual, envío de invitaciones a los asistentes, preparación del espacio de trabajo, etc. Puedes añadir capturas de pantalla e imágenes, pero siempre respetando la protección de datos personales (que no aparezcan caras, nombres, direcciones de correo, ni ninguna otra información que pueda identificar a los asistentes).

---

4. *E-mail:* organización y uso de plantillas

 HILO CONDUCTOR

Aunque Lucía ha conseguido agilizar, en gran medida, todo su trabajo de gestión al frente de la peluquería, aún hay alguna que otra tarea que le consume bastante tiempo: atender a las decenas de correos electrónicos que recibe cada día. Es algo que le preocupa bastante, pues diariamente tiene que contestar a infinidad de mensajes de todo tipo: desde proveedores que le ofrecen sus nuevos productos, hasta candidatos que envían sus currículos para poder formar parte de la empresa.

El servicio de correo electrónico o *e-mail* fue uno de los primeros que ofreció internet, mucho tiempo antes, incluso, de la navegación web y pronto se convirtió en el medio preferido por los internautas para enviarse mensajes de manera gratuita.

Su funcionamiento es muy parecido al correo tradicional: el emisor escribe un mensaje y lo envía a través de un canal (digital). Después, el mensaje llega al buzón del receptor y queda a la espera de que este lo lea. Una vez leído, el receptor puede escribir otro mensaje como respuesta o bien puede reenviarlo a otros usuarios interesados.

Si en el correo tradicional enviamos y recibimos nuestros mensajes desde una dirección física (calle, número, código postal, localidad, etc.), en el correo electrónico lo vamos a hacer desde una dirección electrónica, también llamada **cuenta de correo,** que está formada por los siguientes elementos:

info@iceditorial.com

nombre de la cuenta | símbolo de arroba | dominio

- **Nombre de la cuenta:** según el operador que nos proporcione el servicio, podemos escogerlo nosotros mismos o bien puede venir dado por él. No puede haber dos cuentas idénticas dentro de un mismo dominio.
- **Símbolo de arroba** (@)**:** tradicionalmente, todas las cuentas de correo electrónico se han caracterizado por incluir este símbolo. Permite a los servidores diferenciar entre el nombre de la cuenta y el dominio.
- **Dominio:** es un texto establecido por el proveedor del servicio. Finaliza con una extensión del tipo .com, .org, .net, .es, etc. En función del tipo de organización al que pertenezca.

4.1. Proveedores del servicio de correo electrónico

El servicio de correo electrónico es uno de los más populares entre los internautas. No en vano, podemos encontrar cientos de webs que nos ofrecen este servicio de manera gratuita. A continuación, te mostramos las más importantes:

- ***Gmail.*** Ofrecido por *Google* dentro de la *suite Workspace,* es uno de los clientes más populares gracias a su gratuidad y a su usabilidad. Admite

105 idiomas y ofrece hasta 15 GB totales de almacenamiento en su versión gratuita. Destaca, igualmente, por poder instalarse como una *app* en nuestros dispositivos *iOS* y *Android.*

- **Outlook.** Se trata de un cliente de *e-mail* ofrecido por *Microsoft* como parte de la *suite* ofimática *Microsoft Office,* aunque también dispone de una versión web gratuita que, antiguamente, tomó el nombre de *Hotmail.* Puede instalarse en sistemas operativos *Windows* y *MacOS,* aunque no en los sistemas *Linux.* También podemos encontrarlo en versión *app* disponible para dispositivos *Android, Windows Phone* e *iOS.*

- **Yahoo! Mail.** Es uno de los clientes de correo electrónico más antiguos de internet. Inicialmente, tan solo existía en su versión web, sin embargo, hoy en día, podemos encontrarlo en formato *app* para nuestros dispositivos móviles.

- **AOL Mail.** Aunque hace algunos años llegó a ser la empresa más conocida de internet, ahora es una división de *Verizon Communications.* A pesar de todo, su servicio de correo electrónico sigue siendo uno de los más populares gracias a, entre otras ventajas, la posibilidad de tener un buzón de entrada con capacidad ilimitada.

- **iCloud.** Se trata del cliente de correo electrónico que viene de serie en todos los dispositivos con sistema operativo iOS. Entre sus características destaca la posibilidad de poder usarlo con una cuenta de correo electrónico de otros proveedores como pueden ser *Gmail, Outlook, Yahoo* o *AOL Mail.*

- **ZOHO.** Se trata de una empresa conocida por su *suite* ofimática (*Zoho Office Suite)* que incluye, entre sus aplicaciones, un completo cliente de correo electrónico. Aunque dispone de una versión completamente gratuita, también podemos optar por una versión de pago que nos ofrece, entre otras funcionalidades, la posibilidad de adjuntar ficheros de hasta 1 GB o disponer de un alias de dominio personalizado.

- **ProtonMail.** Se diferencia del resto de sus competidores por ser el servicio de correo electrónico más seguro, ya que utiliza el cifrado extremo a extremo para garantizar la privacidad de los mensajes de los usuarios.

Proveedores de servicio de correo electrónico

| Gmail | Outlook | Yahoo!mail |

Continúa en página siguiente >>

<< Viene de página anterior

Proveedores de servicio de correo electrónico

| AOL Mail | iCloud | ZOHO |

ProtonMail

4.2. La importancia del correo corporativo

Aunque los servicios gratuitos de correo electrónico puedan ser una buena opción a la hora de gestionar nuestra cuenta personal, cuando nos movemos en el ámbito empresarial resulta de gran importancia poder disponer de una cuenta de correo corporativa, cuyas direcciones se encuentren gestionadas dentro de un dominio propio.

Todas las empresas deberían disponer de un servicio de correo electrónico corporativo.

Existen muchas **razones** por las que toda empresa debería tener un servicio de correo electrónico corporativo, veamos, a continuación, algunas de las más relevantes:

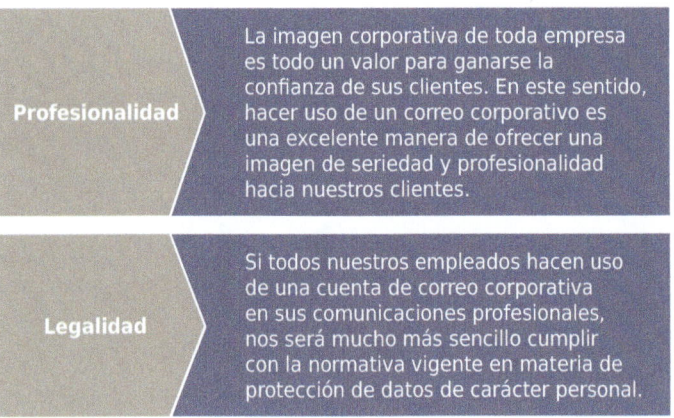

Profesionalidad — La imagen corporativa de toda empresa es todo un valor para ganarse la confianza de sus clientes. En este sentido, hacer uso de un correo corporativo es una excelente manera de ofrecer una imagen de seriedad y profesionalidad hacia nuestros clientes.

Legalidad — Si todos nuestros empleados hacen uso de una cuenta de correo corporativa en sus comunicaciones profesionales, nos será mucho más sencillo cumplir con la normativa vigente en materia de protección de datos de carácter personal.

 EJEMPLO

Innovación y Cualificación, S. L. es una editorial que, entre otras líneas de negocio, se dedica a la venta de libros e *e-books* a través de su página web: www.iceditorial.com.

Aprovechando que tiene registrado ese nombre de dominio, ha creado distintas cuentas de correo corporativas para sus empleados, por lo que todas obedecen al siguiente patrón:

[nombre_empleado]**@iceditorial.com**

Además, ha aprovechado para crear diferentes cuentas corporativas destinadas a facilitar la comunicación con sus clientes y colaboradores:

info@iceditorial.com → Para todo aquel que quiera solicitar cualquier tipo de información.

pedidos@iceditorial.com → Para temas relacionados con pedidos y facturación.

lopd@iceditorial.com → Para consultas relacionadas con la protección de datos personales.

TAREA 3

Lucía quiere que su nueva peluquería se adapte a los nuevos tiempos y ha decidido crear una cuenta de correo que le sirva para comunicarse con sus clientes. Como siempre le ha ido bien con su correo de *Gmail,* ha optado por este servicio para el correo de su nuevo negocio y acaba de registrar la cuenta:

lapeludelucia@gmail.com

A través de esta cuenta, le gustaría recibir mensajes de todos aquellos clientes que deseen pedir cita para que les atiendan en el propio local. Aunque también van a realizar trabajos a domicilio, por ejemplo, en eventos especiales como bodas, bautizos, comuniones, etc. Además, le gustaría tener una pequeña sección de venta de productos cosméticos y capilares, por lo que también podría recibir encargos y pedidos de sus futuros clientes.

Teniendo en cuenta todo lo que hemos aprendido en esta unidad, ¿crees que habría una forma más adecuada de gestionar el correo de la empresa de Lucía?

- -

4.3. Herramientas para gestionar nuestro correo electrónico

Aunque ya hemos visto que existen muchos servicios de correo que podemos gestionar directamente a través de su versión *online,* cuando hacemos uso de una cuenta de correo corporativa, lo más habitual (y también lo más cómodo) es instalar en nuestro ordenador alguna herramienta que nos permita consultar, enviar y gestionar todos nuestros mensajes.

Las aplicaciones que realizan este tipo de tareas se denominan **clientes** de correo electrónico, ya que su principal misión es la de conectarse al **servidor** de nuestro proveedor de correo y proceder al intercambio de mensajes.

Los clientes de correo se conectan a los servidores de internet para intercambiar mensajes.

Veamos, a continuación, algunos de los **clientes de correo** más utilizados por los internautas:

● **Microsoft Outlook.** Quizá uno de los más conocidos, ya que, durante años, se incluía una versión reducida, llamada *Outlook Express,* con el sistema operativo *Windows.* Se trata de una aplicación muy concreta que nos va a permitir organizar fácilmente todos nuestros mensajes de correo y que, además, incluye una agenda de contactos y un práctico sistema de calendario y tareas para planificar toda nuestra agenda de trabajo. Aunque existe una versión gratuita accesible desde la web, si queremos optar a todas las funcionalidades de este cliente de correo electrónico, tendremos que adquirirlo a través de alguna de las licencias de *Microsoft 365.*

● **Spark.** Se trata de uno de los clientes multiplataforma más utilizados, ya que está disponible tanto para sistemas operativos *Windows* como para *Android, iOS* y *Mac.* Ofrece una bandeja de entrada inteligente que nos va a permitir filtrar y organizar nuestros correos recibidos de una manera muy sencilla.

● **Mozilla Thunderbird.** Se trata de la mejor alternativa de código abierto para aquellos usuarios reacios a utilizar *software* propietario. Se caracteriza por ser una aplicación cuyo uso resulta muy fácil e intuitivo para los usuarios, ya que dispone, por ejemplo, de numerosos asistentes que nos ayudarán a enlazar cualquier cuenta de correo electrónico (incluso las de *Gmail).*

● **TouchMail.** Se trata de un cliente de correo específicamente diseñado para ser utilizado en dispositivos con pantallas táctiles, como, por ejemplo, tabletas, *smartphones* o dispositivos de tipo *Surface.* Permite trabajar con diferentes cuentas de correo de una manera muy intuitiva, ya que las divide en diferentes columnas y colores para que sepamos en todo momento a qué cuenta pertenece cada uno de los mensajes que hemos recibido.

● **MailBird.** Se trata de una aplicación cliente de correo electrónico que destaca por ofrecer una gran cantidad de opciones para configurar su interfaz de usuario (colores, temas, notificaciones, etc.) Ofrece un diseño muy compacto donde la información que aparece en la pantalla se reduce a la mínima indispensable.

● **Pegasus Mail.** Quizá es una de las aplicaciones más veteranas que aún existen en el mercado y que, a pesar de tener una interfaz quizá algo anticuada, sigue teniendo multitud de adeptos, gracias a, entre otras funcionalidades, la posibilidad de gestionar envíos de correo masivo con fines de *marketing digital.*

● **eM Client.** Una de las opciones más populares entre los usuarios, debido a que, entre otras características, ofrecer un sistema de envío y recepción de mensajes totalmente seguros gracias a su encriptación extremo a extremo. Adicionalmente, se integra con cuentas de correo de *Gmail* o *iCloud* permitiendo sincronizar no solo los mensajes, sino también la agenda de contactos o el calendario.

Clientes de correo

Microsoft Outlook	Spark	Mozilla Thunderbird
TouchMail	MailBird	Pegasus Mail

eM Client

4.4. Gestión eficaz del correo electrónico

Como ya hemos visto en esta unidad, el correo electrónico es una herramienta muy útil a la hora de gestionar las comunicaciones de cualquier empresa. Sin embargo, es necesario que sepamos hacer una buena gestión de esta herramienta para poder sacarle el mejor provecho.

A continuación, te mostramos algunos **consejos** que te serán de gran utilidad a la hora de gestionar tu correo:

- **Establecer un horario.** Aunque a veces no te quede más remedio, no resulta muy productivo consultar constantemente tu bandeja de entrada para revisar si te ha llegado algún mensaje nuevo, pues, esta práctica, no hará más que desconcentrarte de otras tareas importantes en el desarrollo de tu trabajo diario. En su lugar, conviene establecer una serie de espacios de tiempo en los que tu única tarea consistirá en leer y responder tus correos entrantes. Así, optimizarás tu tiempo y serás más eficiente en tus tareas.
- **Responder adecuadamente y en orden cronológico.** Salvo en casos excepcionales, empiezas a contestar tus correos pendientes en orden inverso a su fecha de entrada, por lo que te será mucho más fácil establecer un orden de respuesta y te asegurarás de no haberte dejado ningún correo sin contestar.
- **Elimina mensajes publicitarios.** Quizá pueda resultarnos útil recibir en nuestro correo personal todo tipo de ofertas sobre productos de nuestro interés. Sin embargo, cuando hacemos uso del correo para fines profesionales, este tipo de mensajes no serán más que una distracción que nos harán perder nuestro tiempo y nos dificultarán la búsqueda de otro tipo de correos. Por esta razón, conviene eliminar este tipo de mensajes de nuestra bandeja de entrada y darnos de baja de cualquier suscripción con fines promocionales.
- **Establece filtros automáticos.** Muchos servicios de correo ofrecen la posibilidad de crear filtros sobre la bandeja de entrada, de tal manera que todos los mensajes que recibimos puedan organizarse o etiquetarse según los criterios que hayamos establecido, como, por ejemplo, según el remitente del correo, según las palabras que contenga, etc.
- **Crea un alias.** La mayoría de los servidores de correo nos permiten crear distintos alias (distintas direcciones visibles a los destinatarios) y asociarlos a una misma cuenta de correo. De esta manera, podremos hacer uso de múltiples direcciones sin necesidad de registrar varias cuentas.
- **Configura plantillas.** Las plantillas son una de las herramientas más útiles a la hora de gestionar nuestro correo, ya que nos permiten ahorrar tiempo a la hora de componer nuestros mensajes, en función de nuestros propósitos.

➲ **Crea grupos de distribución.** Conviene organizar nuestros contactos en distintos grupos de trabajo con los cuales solamos intercambiar mensajes con frecuencia. Los grupos de distribución nos van a facilitar la tarea del envío de mensajes. Por ejemplo, si queremos escribir a varias personas de un mismo grupo, bastará con indicar la dirección de correo del grupo de distribución para que el mensaje se envíe a la dirección de correo de cada uno de sus miembros.

4.5. Uso de plantillas

Las plantillas son una de las herramientas proporcionadas por el servicio de correo electrónico que más nos van a permitir optimizar nuestro trabajo. Especialmente a la hora de tener que redactar correos protocolarios en nuestra comunicación con nuestros clientes y proveedores.

Básicamente, una plantilla no es más que un texto escrito con anterioridad que nos sirve como modelo o patrón para, posteriormente, redactar distintos tipos de mensajes adecuados para ciertas situaciones que se repiten muy a menudo.

Algunos **ejemplos de plantillas** podrían ser las siguientes:

➲ **Para captar la atención de un posible cliente.** Suele ser muy habitual que las empresas realicen envíos de correos electrónicos a un listado de posibles clientes que, en función de sus gustos personales, podrían estar interesados en la adquisición de sus productos. Este tipo de mensajes suelen tener un formato muy llamativo para atraer a los futuros clientes.
➲ **Para ofrecer nuestros servicios.** Otras veces, nuestro cliente potencial no se trata de una persona física, sino de otra empresa a la que queremos ofrecer nuestros servicios. En este caso, suele ser habitual hacer una breve descripción sobre a lo que se dedica nuestra empresa y citar algunos proyectos de éxito.
➲ **Para solicitar información.** En ocasiones, nos vamos a ver en la situación de tener que escribir a un proveedor para solicitarle más información sobre sus productos o servicios. Este tipo de mensajes suele obedecer un formato muy específico en el que, de una manera formal y educada, nos dirigimos a otra empresa con la que nos gustaría establecer una relación comercial.
➲ **Para renegociar un contrato.** Imagina que quieres escribir a tu proveedor para renegociar el precio de los productos o servicios que te suministra. Se trata de una situación a la que probablemente te tengas que enfrentar en varias ocasiones y convendría tener una plantilla que te sirviera como punto de partida para escribir tu mensaje.

⮢ **Para cerrar una venta.** A menudo, después de haber negociado con tus clientes, llega el momento de formalizar por escrito cuál sería tu oferta final y, aunque esta, evidentemente, no tiene por qué ser la misma para todos tus clientes, el correo electrónico que la acompaña sí que suele tener una estructura bien definida.

5. Almacenamiento e intercambio de información: *Google Drive, Dropbox, Intranets*

☞ HILO CONDUCTOR

Lucía es toda una enamorada de su trabajo y, a menudo, le resulta difícil separar su vida personal de su vida laboral. Por eso, incluso en sus ratos libres, mientras navega por sus redes sociales, no puede evitar fijarse en los peinados que están marcando tendencia y que le encantaría poder llevar a su peluquería. Pero, para ello, antes tiene que enseñárselos a sus empleados, por lo que suele reenviarles todas estas fotos a sus cuentas personales. Esto no le acaba de convencer, pues le gustaría hacerles llegar toda esta información, que tiene mucho que ver con los objetivos de la empresa, haciendo uso de alguna herramienta más profesional.

Uno de los principales retos para las empresas, a medida que la informática iba ganando cada día más peso en la gestión de sus procesos de negocio, ha sido el de preservar la seguridad de todos sus datos.

Cada día saltan a la prensa numerosos casos en los que algún grupo de *hackers* ha conseguido "secuestrar" todos los datos informáticos de una pequeña empresa y les ha pedido grandes sumas de dinero para poder recuperarlos.

Para evitar este tipo de situaciones, aparte del uso de antivirus, cortafuegos y demás elementos de seguridad en las redes de telecomunicaciones, una de las prácticas más comúnmente empleadas ha sido la de almacenar una copia de seguridad de los datos en algún soporte que permita su recuperación, en caso de catástrofe. Por ejemplo, guardando una copia semanal en un disco duro externo.

Sin embargo, los últimos avances tecnológicos nos han ofrecido la posibilidad de contar con un disco duro virtual en el que poder almacenar todos nuestros datos a buen recaudo, en un servidor de internet. Este servicio ha venido a conocerse como **almacenamiento en la nube.**

Los servicios de almacenamiento en la nube nos permiten guardar nuestros datos en servidores remotos de internet.

5.1. Ventajas del uso de sistemas de almacenamiento en la nube

Los servicios de almacenamiento en la nube suponen una serie de **ventajas** para las empresas frente a los sistemas de copias de seguridad tradicionales:

➲ **Escalabilidad.** El principal problema de los sistemas de almacenamiento tradicionales (CD, discos duros, unidades extraíbles, etc.) residía en que, tarde o temprano, a medida que iba creciendo la cantidad de datos que necesitábamos almacenar, los sistemas físicos se quedaban sin espacio. En cambio, en los servicios de almacenamiento en la nube, siempre podemos contratar más espacio y ganar más capacidad de almacenamiento de una manera muy sencilla y prácticamente inmediata.
➲ **Seguridad.** Los archivos almacenados en la nube cumplen con todos los requisitos de seguridad, para evitar una posible pérdida de datos o cualquier tipo de acceso no autorizado.
➲ **Movilidad.** Tan solo necesitamos una conexión a internet para poder acceder a nuestros documentos desde cualquier parte del mundo y desde cualquier dispositivo compatible (ordenador, tableta, *smartphone,* etc.).
➲ **Facilidad para compartir documentos.** Algunos servicios de gestión documental en la nube facilitan enormemente la gestión y compartición de documentos con nuestros colaboradores. Proporcionando, incluso,

sistemas de firma digital que nos evitan tener que imprimir los documentos en papel para proceder a su firma manuscrita.

‑ **Menores costes operativos.** Las empresas de almacenamiento en la nube ofrecen precios muy competitivos que, sin duda, nos resultarán mucho más económicos que tener que gestionar nosotros mismos toda la infraestructura necesaria para una correcta gestión de los dispositivos de copia de seguridad.

5.2. Servicios de almacenamiento en la nube

Podemos encontrar múltiples **plataformas** que ofrecen diferentes servicios de **almacenamiento en la nube.** Veamos, a continuación, algunas de las más importantes:

‑ *Dropbox.* Fue el pionero de los servicios de almacenamiento en la nube, por lo que, a día de hoy, a pesar del éxito de sus competidores, aún conserva gran parte de su popularidad. Destaca por su sencillez y organización de los archivos, así como por su facilidad a la hora de compartir nuestros documentos con terceras personas. En su versión gratuita ofrece 2 GB de capacidad de almacenamiento, existiendo otras opciones (de pago) con las que alcanzan hasta los 2 TB de almacenamiento total.

‑ *Google Drive.* Se trata de uno de los servicios de almacenamiento en la nube más utilizados, debido, en gran medida, a que viene incluido "de serie" cuando nos creamos una cuenta de *Google* y está perfectamente integrado con el resto de aplicaciones del ecosistema *Google Workspace.* Esto es así hasta el punto de que muchos de los usuarios de *Google Drive* no son conscientes de ello. Así, *Google Drive* es el almacenamiento por defecto de todos los ficheros que se almacenan en una clase virtual de *Google Classroom* o que se reciben a través de una cuenta de correo de *Gmail.*
En su versión gratuita, ofrece 15 GB de capacidad de almacenamiento. Si bien existen planes de pago con los que podemos obtener hasta 2 TB de almacenamiento total.

‑ *Microsoft OneDrive.* Es también una de las plataformas más utilizadas, ya que se incluye de serie con todas las cuentas gratuitas de *Microsoft,* como, por ejemplo, cualquier cuenta de correo de *Hotmail.* Siguiendo los pasos de *Google Drive,* este almacenamiento está perfectamente integrado con todas las herramientas en la nube de *Microsoft 365 (Word, Excel, PowerPoint, etc.).*
En su versión gratuita ofrece 5 GB de almacenamiento, aunque existen planes de pago con los que podremos obtener hasta 1 TB de almacenamiento total (en el plan personal) o, incluso, hasta 6 TB (en el plan familiar).

➲ **Amazon Cloud Drive.** Al igual que otros gigantes de internet, Amazon no quiso ser menos y también lanzó su servicio de almacenamiento en la nube, que se ofrece de forma gratuita a todos sus usuarios. Orientado a un uso más personal que profesional, este servicio se ha especializado en el almacenamiento y organización de imágenes y fotografías. Proporcionando un sencillo método para su envío desde nuestro *smartphone,* ordenador y otros dispositivos.

En su versión gratuita nos ofrece 5 GB de almacenamiento, existiendo planes de pago con los que podremos obtener hasta 1 TB de almacenamiento total.

Plataformas de almacenamiento en la nube

| Dropbox | Google Drive | Microsoft OneDrive |

Amazon Cloud Drive

5.3. Intranets

En muchas ocasiones, cuando una empresa ha adquirido un vasto conocimiento sobre los distintos procesos de negocio, se ve en la necesidad de poder poner una gran cantidad de documentación a disposición de sus empleados, pero, al mismo tiempo, poder preservarla de posibles accesos por parte de personas ajenas a la organización. En estos contextos, cobra especial relevancia el uso de herramientas colaborativas como la **intranet.**

 **DEFINICIÓN**

Intranet

Red de comunicaciones privada que puede ser utilizada exclusivamente por el personal de una empresa. Su principal objetivo es facilitar las comunicaciones entre los distintos departamentos y empleados para, de este modo, aumentar la productividad.

La implementación de una intranet supone una serie de **beneficios** para las empresas:

- **Mejora de la comunicación interna.** La intranet permite a los empleados comunicarse de una manera eficiente al ofrecer la posibilidad de enviar y recibir mensajes instantáneos, así como compartir todo tipo de documentación.
- **Centraliza la información.** Mediante el uso de una intranet, toda la documentación relevante de la empresa se puede encontrar en un único lugar, facilitando así su acceso y la búsqueda por parte de cualquier persona que la necesite.
- **Aumenta la productividad.** Es una herramienta que facilita enormemente el trabajo colaborativo, lo cual ayuda a los empleados a aumentar su productividad.
- **Seguridad y privacidad.** Al tratarse de una red privada, podemos estar seguros de que solo nuestros empleados van a poder acceder a la documentación de la empresa. Incluso podemos establecer diferentes niveles de acceso para aquella documentación que tenga un carácter más estratégico o confidencial.
- **Facilita la gestión del conocimiento.** Las intranets permiten a las empresas mantener una base de conocimientos continuamente actualizada, donde los empleados van a poder compartir sus conocimientos y su experiencia en los distintos procesos de negocio.
- **Personalización y adaptabilidad.** La intranet puede configurarse a medida de las necesidades específicas de la empresa, pudiendo personalizar tanto la interfaz de usuario como el uso de herramientas específicas o la creación de flujos de trabajo personalizados.

Ejemplo

Veamos, a modo de ejemplo, cómo podemos crear nuestra propia intranet haciendo uso de la herramienta *Google Sites:*

1. Iniciamos sesión en nuestra cuenta de *Gmail.*

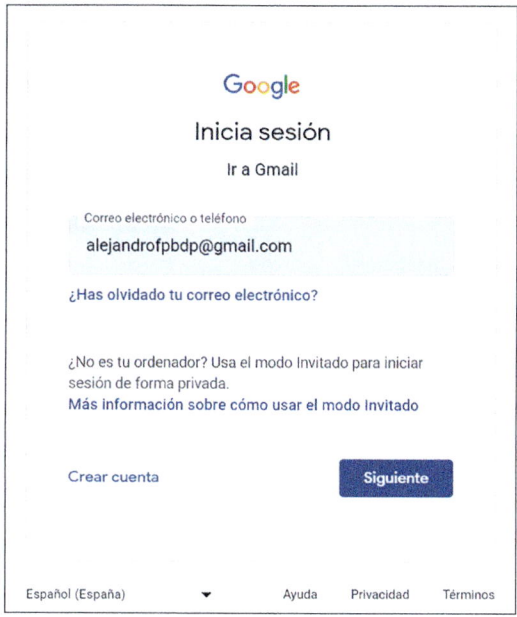

2. Navegamos hasta la siguiente URL: https://sites.google.com/

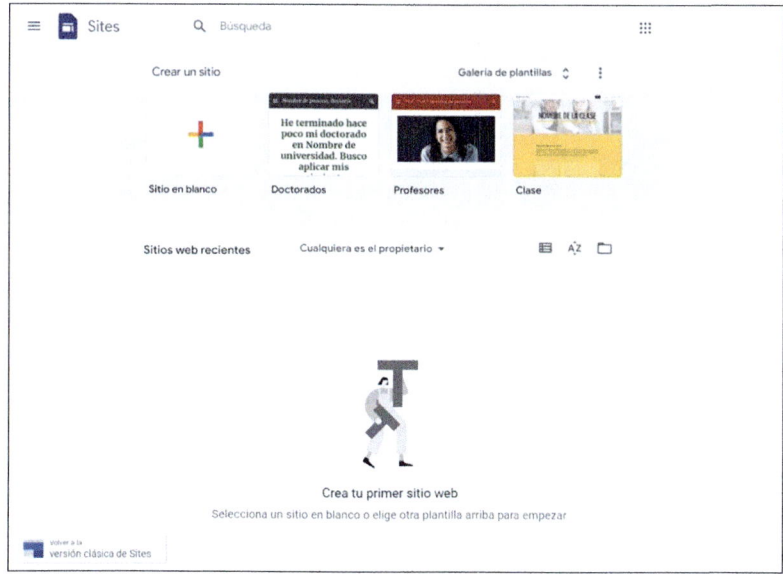

3. En la sección superior **Crear un sitio,** pulsamos sobre la opción **Sitio en blanco** (si lo deseamos, también podemos crear un sitio a partir de cualquiera de las plantillas disponibles).

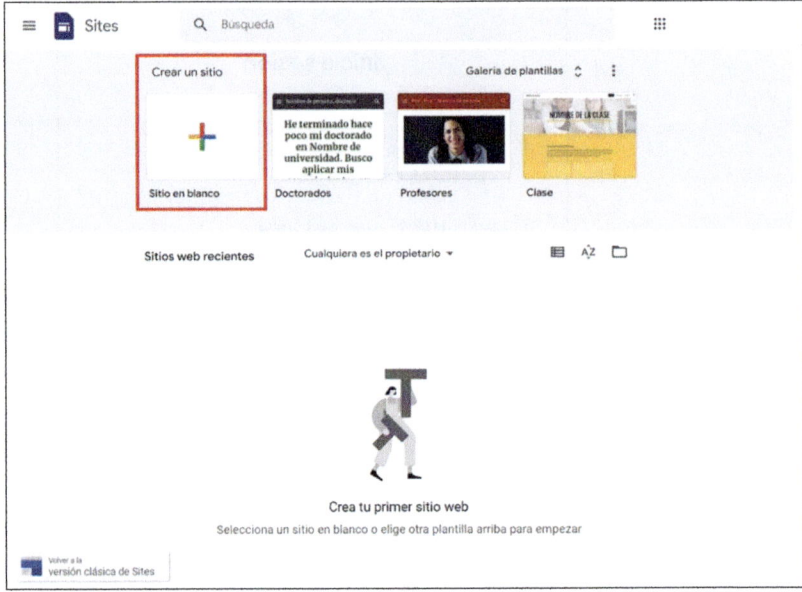

4. Modificamos el título de nuestro nuevo sitio web.

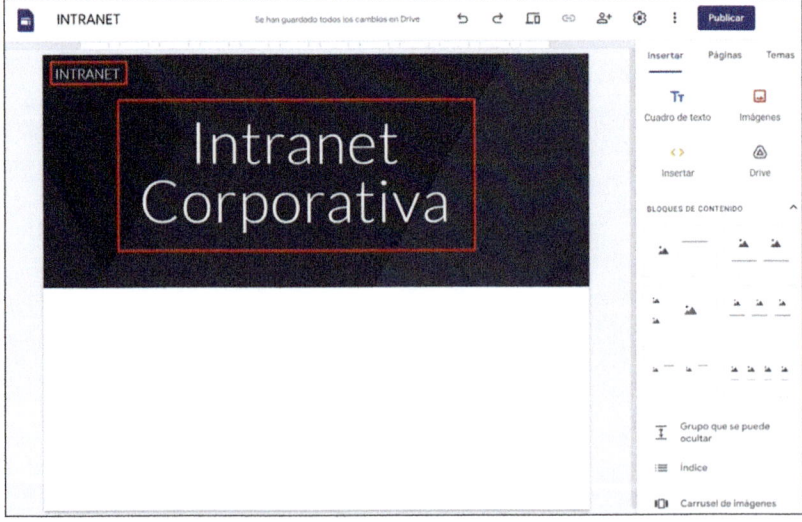

5. Añadimos el resto de contenidos que queramos incluir.

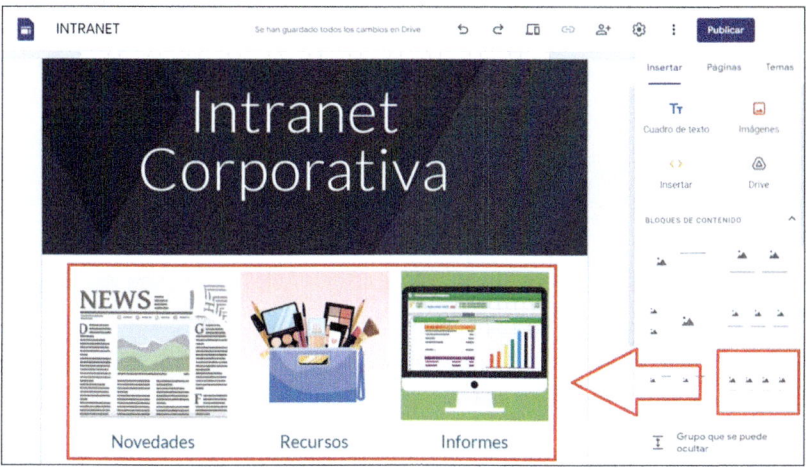

6. Para definir quiénes pueden acceder a nuestra intranet, en el menú superior, pulsamos sobre el icono **Compartir con otros.**

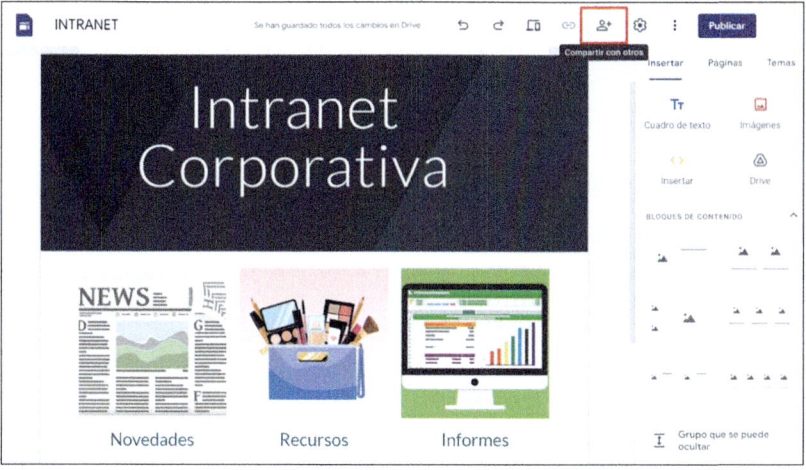

7. En el apartado **Acceso general → Sitio web publicado,** seleccionamos la opción para que solo esté accesible para los usuarios pertenecientes a nuestra organización.

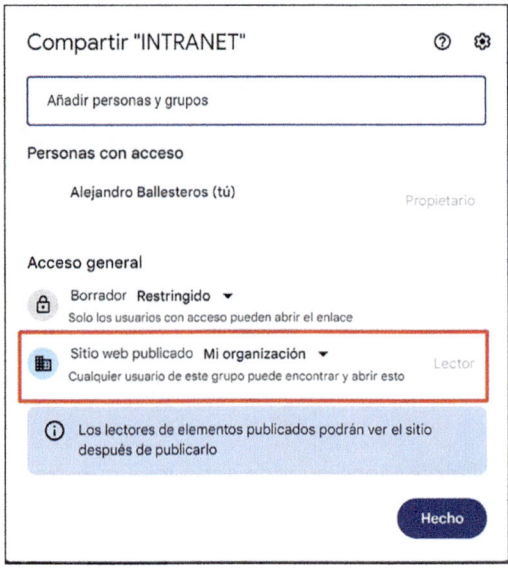

8. Pulsamos el botón **Hecho.**

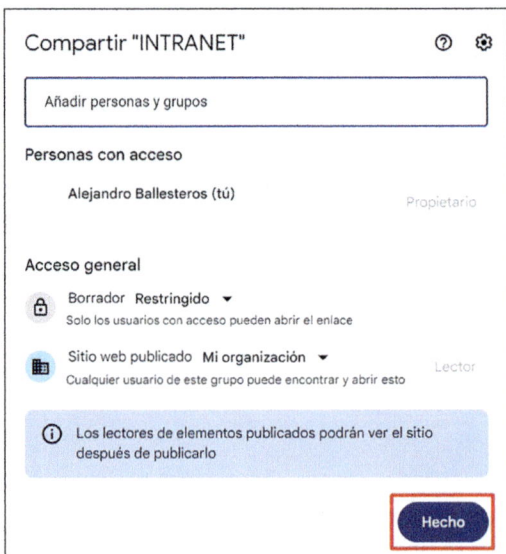

9. Cuando hayamos terminado de editar los contenidos, pulsamos el botón **Publicar.**

10. Introducimos la dirección de nuestra nueva web y pulsamos el botón **Publicar.**

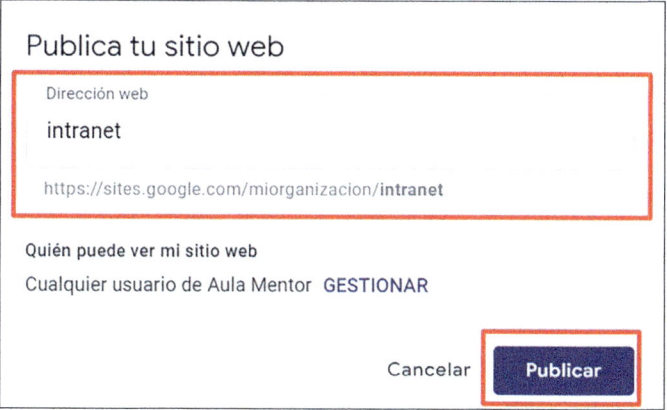

 ACTIVIDAD COMPLEMENTARIA

3. Lucía quiere crear un espacio para fomentar la comunicación y la colaboración entre sus empleados y, al mismo tiempo, poder compartir con ellos toda aquella información que considera de especial trascendencia para el buen

Continúa en página siguiente >>

<< Viene de página anterior

funcionamiento de la empresa: últimas tendencias, técnicas y protocolos, manuales de actuación, etc.

Con todo lo que has aprendido en esta unidad, investiga en fuentes externas qué herramientas le podrían servir a Lucía para alcanzar su objetivo.

---

6. Resumen

Cuando hablamos de transformación digital tendemos a pensar en las grandes empresas, sin embargo, son las pymes las verdaderas protagonistas, pues representan el 99 % de las empresas de la Unión Europea. Son precisamente las pymes quienes han encontrado en la ofimática un gran aliado a la hora de facilitar todas sus tareas administrativas: gestión documental, contabilidad, firma digital, comunicación con los clientes y proveedores, etc.

De este modo, la ofimática ha traído numerosos beneficios para las empresas:

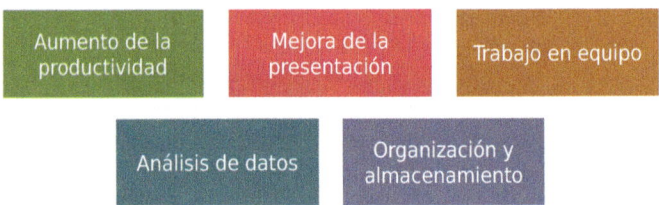

La ofimática engloba varios tipos de herramientas especializadas en distintas funciones:

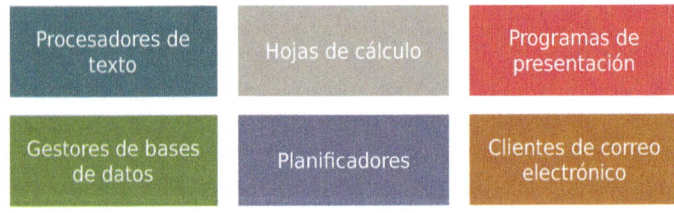

Con el desarrollo de internet, han aparecido algunas *suites* ofimáticas que no necesitan ser instaladas en nuestros equipos, pues se ejecutan de manera *online.* Una de las más populares es *Google Workspace,* que incluye las siguientes herramientas:

Aunque, sin lugar a duda, el mercado de los paquetes ofimáticos tiene un claro referente en la *suite Microsoft Office,* que ha sabido adaptarse a las demandas de sus clientes ofreciendo en un conjunto de herramientas que ofrece un gran número de funcionalidades, mediante una interfaz muy sencilla de utilizar.

Estas son todas las herramientas que se incluyen en la *suite* de *Microsoft:*

Junto a las herramientas ofimáticas, otros de los avances tecnológicos que más han influido en el funcionamiento de las empresas han sido las herramientas de videoconferencia y reuniones *online,* gracias a las cuales ha sido posible la proliferación del teletrabajo, que ha traído numerosos beneficios tanto para el trabajador como para el empresario:

Continúa en página siguiente >>

<< Viene de página anterior

Entre las numerosas herramientas de videoconferencia, podemos destacar las siguientes:

A diferencia del correo tradicional, el correo electrónico no utiliza una dirección física para enviar y recibir los mensajes, en su lugar, utiliza una dirección electrónica, también llamada **cuenta de correo.**

Algunos de los principales proveedores de correo electrónico son:

No obstante, cuando hagamos uso de un correo corporativo incluido en el propio dominio de la empresa, necesitaremos instalar un *software* específico denominado **cliente de correo.** Te mostramos algunos de los más populares:

Una de las funcionalidades que más nos van a ayudar a la hora de trabajar con nuestro correo electrónico es la posibilidad de crear plantillas, que nos van a permitir ahorrar mucho tiempo cuando tengamos que realizar ciertas tareas muy habituales, como, por ejemplo:

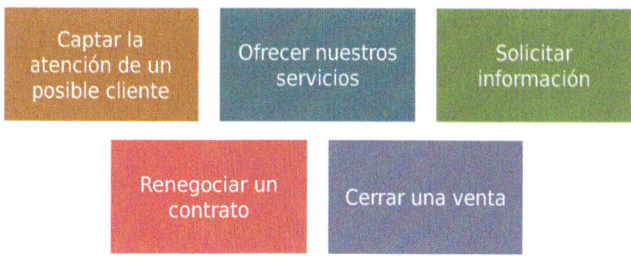

Algunos de los servicios de almacenamiento en la nube más populares:

Junto a los servicios de almacenamiento en la nube, otra de las herramientas más útiles para facilitar la transferencia de conocimiento entre los empleados son las intranets, las cuales redundan en una serie de beneficios adicionales para las empresas:

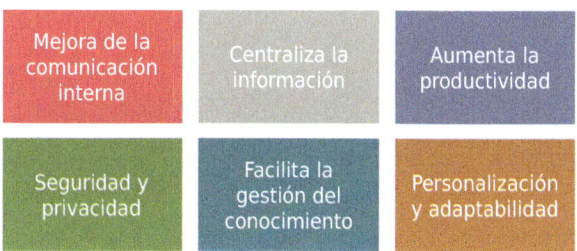

Ejercicios de autoevaluación
Unidad de Aprendizaje 2

1. ¿Con cuál de las siguientes mejoras estaría relacionada la función de autocompletar que incorporan algunos procesadores de texto?

   a. Análisis de datos
   b. Mejora de la presentación
   c. Aumento de la productividad
   d. Organización y almacenamiento

2. ¿Cuál de las siguientes herramientas NO es una hoja de cálculo?

   a. *Microsoft Excel*
   b. *Libre Office Calc*
   c. *Mozilla Thunderbird*
   d. *Lotus 1-2-3*

3. ¿Cuál de las siguientes herramientas está pensada para crear y organizar pequeñas notas donde escribir nuestras ideas o tareas importantes?

   a. *Google Calendar*
   b. *Google Slides*
   c. *Google Sites*
   d. *Google Keep*

4. ¿Cuál de las siguientes herramientas es un asistente de escritura potenciado por inteligencia artificial?

   a. *Word*
   b. *Defender*
   c. *Editor*
   d. *OneNote*

5. Indica si la siguiente oración es verdadera o falsa: "La versión de *Office Hogar* y *Estudiantes* únicamente está disponible para su uso personal".

■ Verdadero
■ Falso

6. ¿Cuál de los siguientes NO es un factor que se debe tener en cuenta a la hora de realizar una videoconferencia?

a. Invitación
b. Ubicación
c. Iluminación
d. Sonido

7. De las siguientes herramientas de videoconferencia, ¿cuál está disponible únicamente para dispositivos iOS?

a. *Facetime*
b. *Skype*
c. *Zoom*
d. *Discord*

8. ¿Cuál de los siguientes proveedores de correo electrónico hace uso de un procedimiento de cifrado extremo a extremo para garantizar la privacidad de los mensajes?

a. *Gmail*
b. *ProtonMail*
c. *AOL Mail*
d. *Yahoo! Mail*

9. ¿Cuál de los siguientes clientes de correo está diseñado específicamente para ser utilizado en tabletas y *smartphones*?

a. *Microsoft Outlook*
b. *Mozilla Thunderbird*
c. *Spark*
d. *TouchMail*

10. ¿Cuál de las siguientes no es una de las ventajas del almacenamiento en la nube frente al almacenamiento tradicional?

    a. Escalabilidad
    b. Disponibilidad
    c. Seguridad
    d. Movilidad

Adquisición de conocimientos sobre *marketing* digital y RRSS

Contenido

Objetivos

El objetivo general de esta Unidad de Aprendizaje es:

→ Analizar los beneficios de las redes sociales y del *marketing* digital.

Los objetivos específicos de esta Unidad de Aprendizaje son:

→ Conocer las ventajas del uso de la web y las redes sociales para las empresas.

→ Investigar las posibilidades del comercio electrónico.

→ Valorar la importancia del análisis de la clientela y la competencia *online*.

→ Desarrollar estrategias de *e-mailing* para comunicar con nuestros clientes.

1. Introducción

En los últimos años, el desarrollo de internet y la aparición de nuevos dispositivos móviles inteligentes han propiciado un crecimiento exponencial de los usuarios y ha incrementado extraordinariamente el tiempo que estos dedican a navegar por las redes sociales.

Si, antaño, la radio, la televisión o la prensa escrita eran nuestras principales fuentes de información, hoy en día nos enteramos de las últimas noticias a través de nuestras tabletas y *smartphones*.

Las empresas no son ajenas a este cambio en los hábitos de consumo y han modificado sus estrategias de *marketing* que, cada vez en mayor proporción, están siendo orientadas hacia un público objetivo que, cada vez, pasa más horas delante de una pantalla.

Así, conceptos como SEO, SEM, posicionamiento, campañas en redes sociales o *marketing* de contenidos están empezando a formar parte en las estrategias de *marketing* de las empresas que quieren aprovechar las nuevas tecnologías para darse a conocer.

Para estudiar todos estos conceptos, seguiremos acompañando a Lucía, una joven emprendedora que acaba de abrir su primer negocio de peluquería y tiene muy claro que la mejor manera de promocionar su negocio es aprovechar las oportunidades que nos brindan internet y las redes sociales.

2. Presencia web y RRSS

👉 HILO CONDUCTOR

Lucía es toda una experta en el uso de internet y de las redes sociales, en las que se mueve como pez en el agua. Últimamente ha venido observando cómo algunos negocios locales, hacen uso de las redes para dar a conocer sus productos e incluso para presentar sus ofertas. Y como ella no quiere quedarse atrás, le gustaría planificar una estrategia para promocionar su peluquería a través de internet.

Aunque muchos de nosotros podamos pensar que internet es un invento del siglo XXI, en realidad, sus orígenes se remontan al año 1958, en plena Guerra Fría, cuando los Estados Unidos crearon la *Advanced Research Projects Agency* (ARPA), una agencia de proyectos de investigación dependiente del Departamento de Defensa, cuya misión fue la de construir una red de comunicaciones, formada por varios nodos distribuidos que, en caso de que cualquiera de ellos fuera víctima de un ataque nuclear, el resto continuarán siendo operativos para poder, así, garantizar la defensa de la nación.

Una década más tarde, el 5 de diciembre de 1969, vio la luz ARPANET, la primera red de interconexión de ordenadores que, en su origen, contaba únicamente con cuatro nodos:

Esta red fue creciendo a medida que se iban interconectando nuevos nodos hasta que, en el año 1982, ARPANET adoptó el esquema de protocolos TCP/IP como base para sus comunicaciones y cambió su nombre por el de INTERNET (International Net).

No fue hasta el año 1991, cuando se pudo crear la primera **página web**, gracias al trabajo del británico Tim Berners-Lee en el *Conseil Européen pour la Recherche Nucléarie* (CERN), que dio como resultado el lenguaje HTML, base de la *World Wide Web* y de la navegación por internet, tal y como la conocemos hoy en día.

La irrupción de la World Wide Web permitió que cualquier persona pudiera acceder a internet a través de un sencillo navegador web.

Durante la década de los 90, se produjeron una serie de perfeccionamientos en los protocolos de cifrado, como el *Secure Socket Layer* (SSL), que garantizaban el secreto de las comunicaciones y, en la práctica, la seguridad de las transacciones financieras *online*. Este hito propició el desarrollo de un nuevo comercio *online* y la aparición de grandes compañías digitales como eBay o Amazon, que han logrado perdurar hasta nuestros días.

2.1. ¿Qué es un sitio web?

Desde la aparición de la **World Wide Web,** los sitios webs han ido cobrando protagonismo como uno de los canales más influyentes entre los consumidores. No en vano, actualmente, se estima que el número de usuarios de internet ha llegado a 5.300 millones, lo que equivale a más del 60 % de la población mundial, según la *Websiterating*.

 **DEFINICIÓN**

Sitio web
Conjunto de páginas web interconectadas entre sí, que se encuentran alojadas en un servidor de internet. De tal manera que pueden ser accesibles por cualquier usuario de la red a través de un programa específico llamado navegador web.

Atendiendo a su funcionalidad, podemos distinguir los siguientes **tipos de sitios webs:**

- **Buscador.** Se trata de un tipo específico de sitio web cuya función es la de ayudar a los usuarios a encontrar otros sitios webs que contengan una información específica. Para ello, disponen de un cuadro de búsqueda en el que el usuario puede escribir un pequeño texto que haga referencia a aquello que desea encontrar. Acto seguido, el buscador le devolverá una serie de resultados relacionados con las palabras de su búsqueda. Algunos buscadores, como *Google,* permiten a las empresas contratar publicidad y, así, aparecer en la parte superior de los resultados.
- **Blog.** Se trata de un sitio web cuyo principal objetivo es ofrecer información sobre un tema muy específico. Para ello, se suelen publicar una serie ordenada de pequeños artículos sobre temas muy concretos. Podemos encontrar blogs de temática muy variada: música, cine, cocina, videojuegos, bricolaje, naturaleza, etc. Muchas empresas utilizan este tipo de sitios webs para atraer a posibles clientes interesados en contenidos relacionados con su sector.
- **Web corporativa.** Se trata de un sitio web cuyo principal objetivo es el de ofrecer información profesional sobre la empresa: a qué se dedica, qué productos y servicios oferta, datos de contacto, etc. Es, sin duda, la mejor manera de obtener presencia de la marca en internet.
- **Tienda *online*.** Es un tipo de sitio web especializado en la venta de determinados productos o servicios que, por lo general, se suelen incluir en un catálogo *online*. De este modo, los clientes pueden seleccionar qué productos desean adquirir, para, posteriormente, abonarlos a través de diferentes métodos de pago.
- **Red social.** Se trata de un tipo de sitios webs orientados, principalmente, a la creación de grupos de personas que comparten un mismo interés. Su funcionamiento se basa en la posibilidad de realizar interacciones entre los distintos usuarios (publicaciones, mensajes, comentarios, *likes,* etc.) Para las empresas suponen también una oportunidad para interactuar con sus clientes, promocionar sus productos y atraer visitantes hacia sus sitios webs.
- ***Landing page.*** Suelen ser páginas muy específicas (dentro de una web corporativa) a las que se suele enlazar desde, por ejemplo, un anuncio en redes sociales. Su principal objetivo es tratar de persuadir al usuario para que realice una acción determinada: comparar un producto mediante un descuento, descargar un manual o un folleto publicitario o, simplemente, rellenar un formulario para participar en un sorteo o para solicitar más información sobre nuestros productos.
- **Porfolio.** Son un tipo de sitios webs muy característicos en los que predomina el contenido multimedia por encima del texto escrito. Su principal objetivo es la de servir de escaparate virtual que llame la atención

de los visitantes. Este tipo de webs son muy utilizadas por artistas o por empresas dedicadas al diseño, moda, decoración, arquitectura, etc.

 **APLICACIÓN PRÁCTICA**

Lucía no sabe muy bien cómo hacer su web. Aunque sí que tiene claro que, por el momento, no quiere complicarse mucho la vida y desea hacer algo sencillo: simplemente una web que dé a conocer su nuevo negocio y que sirva a los visitantes para saber dónde está su local y a qué teléfono tiene que llamar para pedir cita.

Según lo que hemos aprendido en esta unidad, ¿qué alternativa de las siguientes crees que sería la más adecuada?

- **Buscador**
- ***Landing Page***
- **Web corporativa**
- **Red social**

Solución

Tal y como se nos indica en el enunciado, Lucía quiere un sitio web muy sencillo cuyo propósito es el de dar a conocer su negocio en internet e informar sobre los datos de contacto. El buscador y la red social no encajarían en este propósito, mientras que el *landing page* podría ser una opción a futuro que pudiera servir de aliciente para atraer más visitantes a la web corporativa. Por ejemplo, ofreciendo un bono descuento para sus clientes. Aun así, la opción más adecuada para comenzar a tener presencia en internet sería crear una web corporativa.

2.2. Beneficios para la empresa

Los sitios webs se han convertido en los grandes aliados para las empresas del siglo XXI, ya que les proporcionan una serie de **funcionalidades** muy interesantes a la hora de desarrollar su negocio:

⮎ **Reforzar la presencia digital.** Crear un sitio web siempre es una muy buena opción para cualquier empresa o profesional que quiera potenciar su visibilidad en internet y su presencia digital. Sin embargo, se ha de tener especial cuidado en mantener nuestro sitio web constantemente actualizado para que no proyecte una imagen negativa sobre nuestro trabajo.

➲ **Atraer a una audiencia de interés.** Los sitios webs suelen contener informaciones y contenidos especializados en nuestro sector profesional. Este tipo de contenidos atraen a todas aquellas personas interesadas en los productos o servicios que ofrecemos, lo cual supone una gran oportunidad para captar futuros clientes.

➲ **Proporcionar información relevante.** Un sitio web nos permite ofrecer a nuestros clientes, proveedores y colaboradores toda la información que puedan necesitar a la hora de ponerse en contacto con nosotros.

➲ **Ayudar a los demás.** Los sitios webs, además de ser una oportunidad de negocio para las empresas, también pueden ser una herramienta que nos permite ofrecer soluciones que ayuden a nuestros visitantes, ya sea ofreciendo información o consejos relacionados con nuestro campo de actividad.

➲ **Lanzar diferentes campañas.** Los sitios webs son el entorno perfecto para hacer llegar a nuestros clientes todo tipo de ofertas y campañas de *marketing.* Podemos combinar estas acciones con anuncios en buscadores y redes sociales.

➲ **Impulsar las ventas.** Cuando un sitio web consigue atraer la atención de los usuarios, la consecuencia directa es el aumento de las ventas, pues se establece una relación de confianza con la marca.

➲ **Generar embajadores de marca.** Los sitios webs son ideales para fidelizar a nuestros clientes y colaboradores, de tal manera que comiencen a recomendar nuestros productos y servicios y se conviertan, así, en embajadores de nuestra marca.

2.3. Cómo crear un sitio web

A la hora de crear un sitio web, conviene elaborar un diseño previo para planificar el conjunto de páginas que los componen y cómo van a estar interconectadas unas con otras. Normalmente, en esta planificación se obtiene como resultado un diagrama, al que comúnmente se le denomina **mapa web,** en el que están representadas cada una de las páginas de nuestro sitio web.

Antes de crear un sitio web, conviene planificar la estructura de páginas que lo componen.

Lo más importante es saber, desde un principio, qué información queremos mostrar a nuestros visitantes y, a partir de ahí, diseñar una estructura que les permita navegar fácilmente por nuestro sitio web y que no les resulte complicado encontrar la información que les interesa. Aunque, *a priori,* esta tarea pueda parecer muy sencilla, suele ser uno de los principales quebraderos de cabeza de los diseñadores web.

Aunque, como veremos más adelante, hoy en día podemos hacer uso de multitud de plantillas predefinidas que nos van a facilitar enormemente el diseño de cada una de las páginas de nuestro sitio web, conviene que tengamos en mente los principales **elementos estructurales** que nos van a permitir construir un sitio web:

- ⮌ **Home.** Todo sitio web está formado por múltiples páginas interconectadas entre sí. Una de las más importantes es, sin lugar a dudas, la *home page* (o página de inicio). Pues será la primera impresión que tengan nuestros usuarios cuando accedan a nuestro sitio web. Por norma general, la página de inicio se suele dividir en varios bloques, cada uno de los cuales suele incluir una breve información relevante sobre el propietario de la web (quién es, qué hace, a qué se dedica y cómo contactar con él). También suele ser muy habitual, incluir una sección de novedades.
- ⮌ **Header.** También llamado cabecera, se refiere al contenido que se sitúa en la parte superior de nuestro sitio web y que suele ser común a todas las páginas. Suele incluir el logo de la compañía y, en muchas ocasiones, un menú que permita al usuario navegar por las distintas secciones del sitio web.
- ⮌ **Footer.** También llamado pie de la página, se refiere al contenido situado en la parte inferior de una web y que, al igual que ocurría con el *header,* suele mantenerse en todas y cada una de las páginas que conforman un

sitio web. Normalmente, el *footer* suele contener elementos como enlaces a los avisos legales, datos de contacto o enlaces a las redes sociales de la compañía.

➲ ***Body.*** También llamado cuerpo de una página web, se refiere a todo el contenido ubicado entre el *header* y el *footer*. En la etapa de diseño, debemos decidir cuántos bloques vamos a incluir y cuál va a ser su disposición en la página.

➲ **Secciones.** Permiten dividir y categorizar toda la información que queremos mostrar en nuestro sitio web. Por ejemplo, podemos crear una sección que hable sobre quiénes somos y cuáles son los orígenes de nuestra empresa, otra (o varias) que muestre información sobre los distintos productos y servicios que ofertamos, otra que muestre algunos trabajos que hayamos realizado, otra con nuestros datos de contacto, etc.

➲ **Menú.** Permite a los usuarios navegar entre las distintas secciones de nuestro sitio web, suele colocarse en la cabecera o bien en un lateral, de forma que esté siempre accesible para el usuario.

2.4. Herramientas para crear un sitio web

Cuando en la década de los 90 aparecieron los primeros sitios webs, su creación estaba solo al alcance de los programadores web, quienes, haciendo uso del lenguaje HTML, codificaban a mano los contenidos para construir con ellos las distintas páginas.

En sus orígenes, las primeras páginas web eran codificadas a mano por los programadores, usando el lenguaje HTML.

Afortunadamente, hoy en día, la tecnología web ha evolucionado considerablemente y disponemos de diversas herramientas que nos facilitan mucho esta tarea. Permitiendo que cualquier usuario no experto pueda crear un sitio web completamente funcional de una manera realmente sencilla.

Los Sistemas de Gestión de Contenidos *(Content Management Systems: CMS)* son un tipo de herramientas *online* que nos van a permitir diseñar y construir nuestro propio sitio web personal o corporativo, aunque no tengamos ningún conocimiento sobre lenguajes de programación.

Veamos algunos de estos **sistemas:**

- *WordPress.* Se trata de uno de los CMS más populares, ya que se utiliza en aproximadamente el 63 % de las webs que hacen uso de un gestor de contenidos. El secreto de su éxito reside en su facilidad de uso y en la cantidad de plantillas y complementos que podemos utilizar de manera totalmente gratuita.
- *Joomla!* Quizá uno de los principales competidores de *WordPress,* en cuanto a cuota de mercado, debido, en gran medida, a su facilidad a la hora de diseñar y agregar contenidos a nuestro sitio web. Destaca por su variedad a la hora de crear distintos tipos de publicaciones personalizadas y por su sistema de gestión de usuarios. Además, viene de serie con soporte para crear una web multilenguaje.
- *Drupal.* Se trata de otro de los grandes CMS de código abierto que, aunque no alcanza las cuotas de mercado de WordPress y Joomla!, destaca por su flexibilidad a la hora de crear publicaciones personalizadas y por su alto grado de control sobre los permisos de usuario. Además, posee un sistema de catalogación de contenidos de contenidos *(taxonomías)* mucho más avanzado que el de sus competidores.
- *Typo3.* Se trata de un CMS muy utilizado en ámbitos profesionales y está más orientado hacia usuarios no expertos. Es ideal para crear webs complejas, como, por ejemplo, una intranet. Sin embargo, no goza de mucha popularidad a la hora de crear un sitio web corporativo para una pequeña empresa.
- *Serendipity.* A diferencia de *Typo3,* este es un CMS muy fácil de usar y muy orientado a la creación de sitios webs modestos. A pesar de su sencillez, permite ampliar sus funcionalidades mediante la adición de una serie de *plugins.* Lo cual lo hace un sistema muy flexible que podemos configurar a medida de nuestras necesidades.
- *Zyro.* Se trata de un gestor de contenidos muy optimizado para crear sitios webs adaptados a todo tipo de dispositivos (desde ordenadores de sobremesa hasta dispositivos móviles). Su mayor fortaleza reside en la facilidad a la hora de publicar nuevos artículos, gracias a su generador de contenidos con inteligencia artificial.
- *Wix.* Basa todo su potencial en la posibilidad de crear un sitio web de forma automática sin necesidad de tener ningún conocimiento de diseño.

A su vez, también ofrece la posibilidad de diseñarlo uno mismo, gracias a su editor de contenidos.

⊃ **CMS Hub.** Se trata de un gestor de contenidos desarrollado por la empresa de *software* HubSpot, cuya funcionalidad más destacada reside en la posibilidad de integrarlo con una plataforma CRM *(Customer Relationship Management)* y gestionar, de este modo, toda la información relativa a nuestros clientes, así como automatizar campañas de *e-mail marketing* u ofrecer soporte técnico mediante un chat de ayuda.

Sistemas de Gestión de Contenidos (CMS)

WordPress	Joomla!	Drupal
Typo3	Serendipity	Zyro
Winx	CMS Hub	

Ejemplo

Veamos cómo podemos crear nuestro propio sitio web con el CMS *WordPress.* Imaginemos que queremos crear un sitio web para una nueva librería que acabamos de abrir en la ciudad. Gracias a las tecnologías de los sistemas CMS, como *Wordpress,* para crear su sitio web bastará con seguir los siguientes pasos:

1. Entramos en la página https://wordpress.com y hacemos clic en el botón **Comenzar** para crear nuestra nueva cuenta.
2. A continuación, introducimos el nombre que queremos darle a nuestro sitio web.

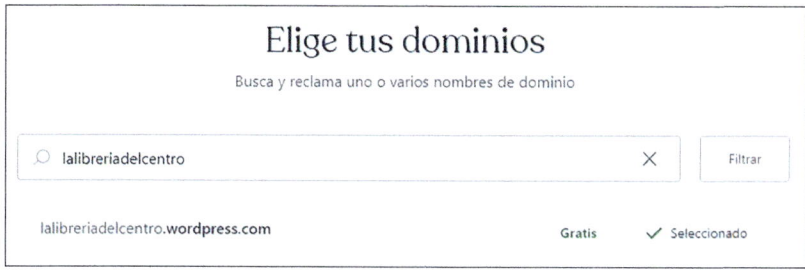

3. Elegimos una de las múltiples plantillas de diseño.

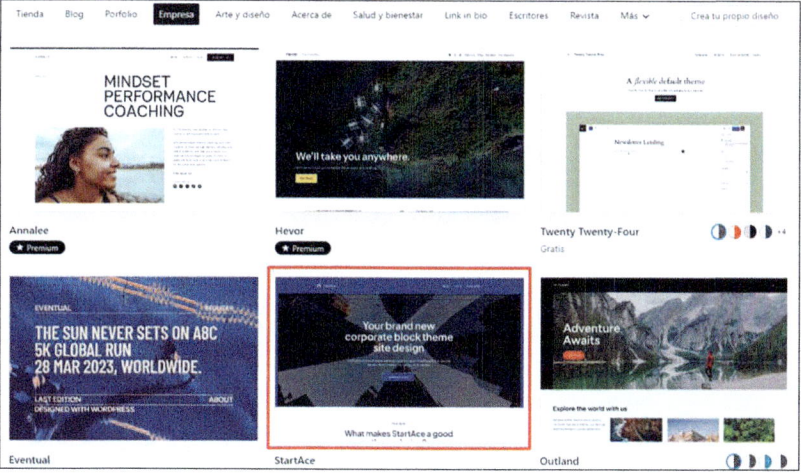

4. Diseñamos el contenido de nuestra página de inicio, que será la primera con la que se encontrarán nuestros futuros clientes.

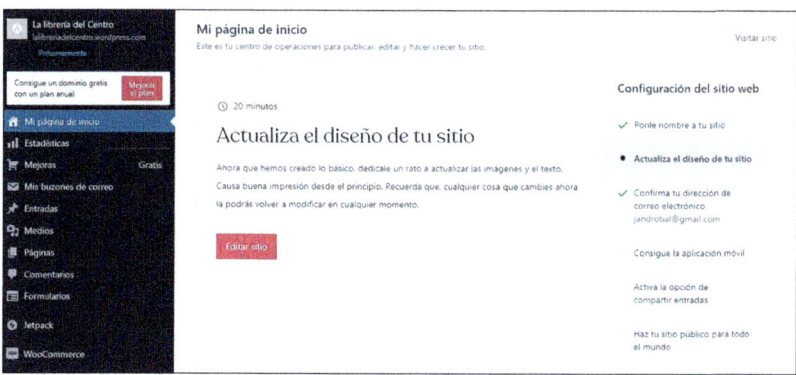

5. Añadimos nuevas páginas, tantas como secciones vaya a tener nuestro sitio web.
6. Finalmente, insertamos un bloque de iconos sociales para mostrar a todos aquellos que nos visiten cuáles son nuestras cuentas en las redes sociales más utilizadas.

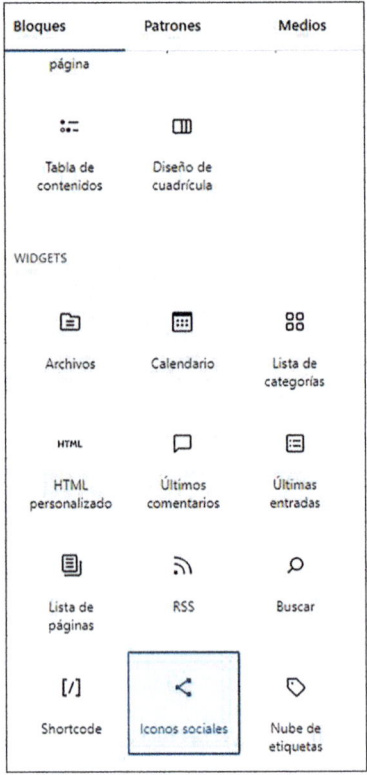

TAREA 4

Lucía tiene muy claro que necesita un sitio web corporativo de su negocio, para poder así tener presencia en internet. Sin embargo, no tiene mucha idea de cómo se puede crear una web. Ha visto algunas herramientas que permiten crearla en muy pocos pasos, pero no sabe por cuál decidirse.

Teniendo en cuenta lo aprendido en esta unidad, ayuda a Lucía a crear una web para su nuevo negocio.

2.5. Redes sociales

Al igual que en la década de los 90 la aparición de la *World Wide Web* supuso un salto de gigante en el desarrollo de internet, durante los primeros años del nuevo milenio surgió una nueva generación de sitios webs que revolucionaron la manera en que los ciudadanos hacían uso de la red de redes. A este fenómeno se le conoció como la **web 2.0.**

La principal novedad que caracterizó a la web 2.0 fue el cambio de rol de los usuarios que, si bien hasta aquel momento se limitaban a ser meros espectadores que consumían la información ofrecida por los distintos sitios webs, a partir de entonces asumieron un papel mucho más activo, pudiendo no solo ya consultar los contenidos, sino también comentarlos, compartirlos modificarlos y crear los suyos propios.

Así, podemos concluir que la web 2.0 vino a "democratizar" internet. De tal modo que cualquier persona, sin necesidad de tener conocimientos avanzados, pudiera generar su propio contenido y publicarlo haciendo uso tan solo de las distintas herramientas que los propios sitios webs ponían a su alcance.

La llegada de la web 2.0 cambió por completo la manera en la que los usuarios usaban internet al otorgarles un papel mucho más activo en la generación de contenidos.

En el contexto de la web 2.0, irrumpieron con fuerza un nuevo tipo de sitios webs, las denominadas **redes sociales,** que han transformado por completo la manera en que nos comunicamos y compartimos información.

DEFINICIÓN

Redes sociales

Sitios webs que permiten a sus usuarios conectarse, interactuar y compartir todo tipo de información en línea. A través de estas redes, cualquier persona puede crear su propio perfil y relacionarse con el resto de los usuarios con los que, por norma general, suele tener intereses en común.

- -

Según su funcionalidad, podemos distinguir dos **tipos de redes sociales:**

Verticales	Son aquellas que tienen como objetivo el agrupar a un colectivo de personas en torno a una temática concreta. Por ejemplo, *LinkedIn* es una red social cuyo principal objetivo es crear redes profesionales entre sus usuarios, *Flickr* se centra en que los aficionados a la fotografía puedan compartir sus obras, etc.
Horizontales	Son aquellas que no están orientadas a una temática en concreto, sino que están dirigidas a todo tipo de público. Cualquiera puede formar parte de estas redes con cualquier propósito: búsqueda de información, ocio, entretenimiento, etc. Algunos ejemplos de este tipo de redes pueden ser *Facebook, Instagram, TikTok*, etc.

SABÍAS QUE...

La primera red social de la historia se creó en el año 1997 y fue bautizada como **Sixdegrees.** Su nombre surgió de la idea de que cada persona en el mundo está conectada a otra a través de seis grados de separación. Esta red permitía a los usuarios crear su propio perfil y confeccionar una lista de amigos. Tres años más tarde, este sitio web tuvo que "echar el cierre" debido a su baja rentabilidad. No obstante, sirvió de inspiración para tantas y tantas otras redes sociales que surgieron con posterioridad.

- -

Veamos, a continuación, algunas de las redes sociales más populares entre los usuarios:

- ➲ *Facebook.* Con cerca de 3.000 millones de usuarios en todo el mundo, lidera el *ranking* de las redes sociales más utilizadas. Permite que las personas puedan conectar con amigos y familiares, compartir fotos, vídeos y estar al tanto de las últimas noticias sobre temas de actualidad.
- ➲ *X.* Anteriormente conocida como *Twitter,* es, quizá, una de las principales redes orientada al intercambio de información en tiempo real. Permite a los usuarios seguir a todo tipo de organizaciones, personajes famosos y medios de comunicación para, así, mantenerse actualizado sobre sus temas de interés.
- ➲ *Instagram.* Se trata de una red especializada en que sus usuarios puedan publicar todo tipo de fotos y vídeos, aplicar filtros y compartir momentos de su vida. Es muy popular entre los jóvenes que la utilizan para mostrar su estilo de vida y sus aficiones.
- ➲ *Threads.* Se trata de una red social de *microblogging* creada por Meta (la propietaria de *Facebook* e *Instagram)* basada en la publicación y el intercambio de mensajes cortos. En este sentido, funciona de manera similar a *X.*
- ➲ *LinkedIn.* Se trata de una red social diseñada específicamente para que sus usuarios puedan establecer contactos comerciales y relaciones laborales. Permite crear nuestro propio perfil profesional y agregar conexiones relevantes.
- ➲ *YouTube.* Se trata de una red social especializada en la publicación de contenidos en formato de vídeos de temática muy variada. Cada usuario puede crear su propio "canal" en el que se agrupan todos los contenidos publicados y permite su categorización en distintas "listas de reproducción".
- ➲ *TikTok.* Esta red social se enfoca en la publicación y compartición de vídeos cortos y creativos. Es muy popular entre la gente joven.
- ➲ *Snapchat.* Está enfocada al intercambio de mensajes y contenido visual efímero. Potenciando la capacidad de compartir momentos instantáneos de tu propia vida.
- ➲ *Pinterest.* Se trata de una plataforma de descubrimiento basada en la publicación de contenido visual (imágenes y fotografías), donde los usuarios guardan todo tipo de ideas inspiradoras en formato de imágenes y tableros tematizados.

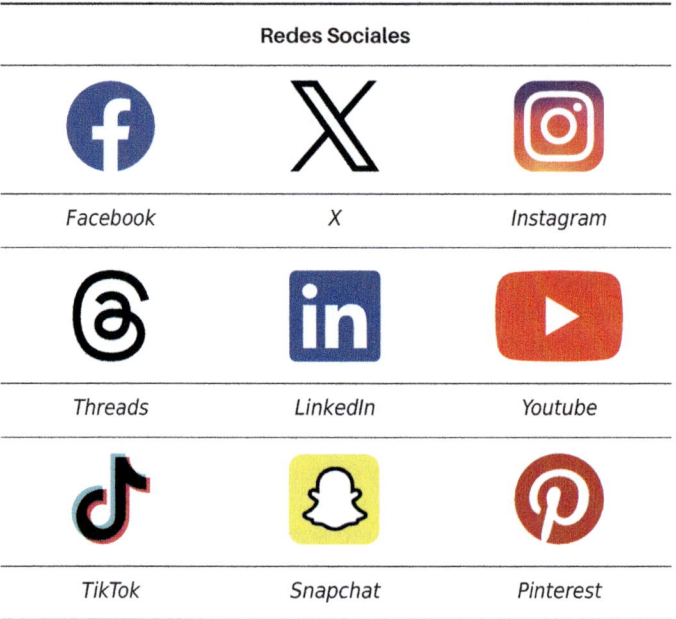

Redes Sociales

Facebook — X — Instagram

Threads — LinkedIn — Youtube

TikTok — Snapchat — Pinterest

 ACTIVIDAD COMPLEMENTARIA

4. Lucía sabe que la calidad en el servicio a sus clientes es esencial para dar a conocer su negocio. Pero también es muy consciente de que, hoy en día, las recomendaciones ya no solo se hacen por el boca a boca en la parada del autobús o en la cola del supermercado, sino que cada vez más nos comunicamos a través de las redes sociales. Por eso está decidida a publicitar su peluquería a través de estos medios.

Ayuda a Lucía a promocionar su peluquería y propón una idea de publicidad para su negocio a través de cualquiera de las redes sociales que hemos estudiado en esta unidad.

3. Comercio electrónico

☞ HILO CONDUCTOR

La web de Lucía ha tenido muy buena aceptación entre su clientela, no hace más que recibir buenos comentarios sobre sus contenidos. Sin embargo, siente que aún podría ser mejor, pues muchos de sus visitantes se quejan por no disponer de una tienda *online* donde adquirir todos esos productos capilares que se venden en su peluquería.

Durante los primeros años de desarrollo de la *World Wide Web,* algunas empresas decidieron explotar este potencial mercado emergente y se aventuraron a crear las primeras tiendas *online.* Podemos destacar algunos ejemplos como Amazon, eBay o, dentro de nuestras fronteras, El Corte Inglés o La Casa del Libro, quienes fueron pioneras en el comercio *online.*

Sin embargo, no fue hasta principios del siglo XXI cuando se produjo una verdadera expansión de las compras *online.* Este crecimiento fue posible, por un lado, gracias al desarrollo de las comunicaciones y el consecuente aumento de los usuarios y, por otro lado, al desarrollo de una normativa específica que garantizara la seguridad jurídica necesaria para este tipo de transacciones.

Cada vez son más los emprendedores que deciden montar su propia tienda online para vender sus productos por internet.

En este sentido, podemos destacar la publicación de la Directiva 2000/31/CE, de 8 de junio de 2000, del Parlamento y del Consejo, relativa a determinados aspectos jurídicos de los servicios de la información, en particular, el comercio electrónico, donde se fijaron las reglas de funcionamiento del comercio electrónico y se definieron conceptos, como, por ejemplo, "prestador del servicio", "consumidor final" o "comunicación comercial".

 **PARA SABER MÁS**

Si quieres consultar la publicación de la Directiva 2000/31/CE, puedes hacerlo accediendo desde aquí:

https://redirectoronline.com/adgd560302

Durante los últimos años, el desarrollo de internet y las nuevas tecnologías han transformado por completo nuestra sociedad y nuestros hábitos de vida. Cada vez es más común hacer uso de nuestros dispositivos electrónicos para leer las últimas noticias, comunicarnos con nuestras amistades, ver el último capítulo de nuestra serie favorita o adquirir todo tipo de productos y servicios a través de internet.

En este contexto, disponer de una tienda *online* sin duda va a suponer numerosos **beneficios** para cualquier empresa que desee adaptar su oferta a estos nuevos hábitos de consumo. Algunos de estos beneficios son:

- **Reducción de costes.** Para montar una tienda *online* no es necesario ampliar tu local, ni contar con un espacio físico para presentar tus productos o para atender a tus clientes. De hecho, existen empresas que no cuentan con ningún tipo de local de venta directa al público, sino que todas sus ventas las realizan a través de internet.
- **Globalización.** Tu tienda *online* te va a permitir vender y enviar tus productos a cualquier lugar del mundo, ya que tus clientes no necesitarán viajar para visitar tu tienda y conocer lo que ofreces. Además, puedes

traducir tu catálogo a distintos idiomas y, de este modo, romper las barreras lingüísticas.

⮞ **Horario.** Una tienda *online* puede vender las 24 horas del día, los 365 días del año. De tal modo que tus clientes pueden acceder a ella en cualquier momento.

⮞ **Experiencia de compra.** Otra de las ventajas de tener una tienda *online* es que ofrecen la posibilidad de conocer cómo se comportan tus clientes cuando acceden a ella: qué productos son los más buscados, qué ofertas llaman más su atención, etc.

⮞ **Fidelización del cliente.** Resulta muy sencillo hacer un seguimiento de los pedidos y ofrecer ofertas personalizadas a aquellos clientes que han comprado un determinado producto.

⮞ *Feedback.* Las herramientas para crear una tienda *online* suelen incorporar una opción para que nuestros clientes puedan hacernos llegar sus valoraciones sobre los productos que han adquirido o sobre el propio proceso de compra.

⮞ **Imagen de negocio.** Ofrecer a tus clientes la posibilidad de hacer sus compras *online* va a suponer una mejora de la imagen de tu negocio. No solo por haberte adaptado a los nuevos hábitos de consumo, sino porque te va a permitir realizar mejoras en tus servicios, basadas en las valoraciones recibidas.

Hoy en día, podemos encontrar en el mercado multitud de **herramientas** que nos van a facilitar, en gran medida, la **creación y puesta en marcha** de nuestra propia **tienda *online*.** Veamos, a continuación, algunas de las más populares:

⮞ *Magento.* Se trata de una plataforma de comercio *online* que destaca por su flexibilidad y escalabilidad para, así, poder adaptarse a medida que vaya creciendo nuestra tienda, permitiendo gestionar la venta de hasta un millón de productos diferentes en un mismo sitio web.

⮞ *Shopify.* Se trata de una plataforma que nos va a permitir crear nuestra propia tienda *online,* sin necesidad de tener grandes conocimientos informáticos. El proceso de creación resulta realmente sencillo: basta con crear una cuenta, elegir entre las diferentes plantillas (gratuitas o de pago) cuál es la que más nos gusta para nuestra tienda y, a partir de ahí, empezar a añadir todos nuestros productos, servicios y métodos de pago. Además, nos permite la posibilidad de analizar el comportamiento de nuestros clientes para poder realizar mejoras en nuestros productos.

⮞ *WooCommerce.* Es un *plugin* de *Wordpress* que nos va a facilitar la creación de una tienda *online* sobre nuestra propia página web corporativa. Entre sus ventajas, podemos destacar su gratuidad y su facilidad de uso.

⮞ *Prestashop.* Se trata de una plataforma gratuita y de código abierto, diseñada para la creación y administración de tiendas *online.* Su principal característica reside en su diseño modular, esto es, tras instalar las secciones básicas de la tienda, podemos añadir otras funciones adicionales, tales como, métodos de pago, promoción de productos o seguimiento de los usuarios.

Herramientas de creación

| Magento | Shopiyy | WooCommerce |

Prestashop

APLICACIÓN PRÁCTICA

Desde que Lucía publicó su propio sitio web creado con *WordPress*, no hace más que recibir multitud de visitas y buenos comentarios, por este motivo, se ha animado a expandir el negocio y crear su propia tienda *online*. Como es la primera vez que se enfrenta a esta situación, no sabe muy bien cuál sería la mejor herramienta para poder crearla. Aunque sí que le gustaría que su tienda quedara incluida dentro de su propia web corporativa, para aprovechar la buena acogida que esta última está teniendo entre sus clientes.

Según lo que hemos aprendido en esta unidad, ¿qué alternativa de estas crees que sería la más adecuada para crear la nueva tienda virtual de Lucía?

- ***Magento***
- ***WooCommerce***
- ***Shopify***
- ***Prestashop***

Continúa en página siguiente >>

<< Viene de página anterior

Solución

Tal y como se nos indica en el enunciado, Lucía quiere que la tienda *online* quede integrada con su web corporativa, que ha creado con el CMS *WordPress.* En estas circunstancias, la mejor opción resulta ser *WooCommerce* por su alto grado de integración con *WordPress.*

---

4. Análisis de clientela y competencia *online*

☞ HILO CONDUCTOR

Lucía está muy entusiasmada porque la tienda *online* va viento en popa. Ya no solo vende productos a los clientes asiduos a su peluquería, sino que, de alguna manera, su web se ha popularizado entre cientos y cientos de consumidores de los lugares más recónditos e insospechados. Tanto que, a menudo, tiene la sensación de no conocer muy bien cuáles son los gustos de esta nueva clientela.

Por mucho que nos esforcemos en mejorar nuestras estrategias de *marketing* digital, cuidando nuestra presencia en internet y en las redes sociales, ninguna de nuestras acciones merecerá la pena, si no somos conscientes de cuáles son las necesidades de nuestros clientes y de qué es lo que están ofreciendo nuestros competidores. Para lo cual, podemos contar con la ayuda de distintas herramientas que nos van a permitir realizar un análisis pormenorizado.

Para que nuestra estrategia de marketing digital sea efectiva, conviene realizar un análisis continuo de nuestros clientes y de nuestros competidores.

4.1. Análisis de la clientela

El seguimiento y análisis de nuestros clientes es vital para el buen funcionamiento de cualquier negocio (ya sea un negocio *online* o presencial), ya que toda esta información nos va a proporcionar los conocimientos necesarios para tomar decisiones estratégicas para nuestro negocio.

Por ejemplo, suele ser muy habitual que los propietarios de las tiendas *online* utilicen la información recopilada para identificar los distintos patrones de comportamiento de sus clientes, qué productos compran con más frecuencia y en qué momento realizan la mayoría de sus compras.

Veamos, a continuación, cuáles son los **métodos** más comunes para realizar el **seguimiento y análisis de los clientes** de una tienda *online:*

➲ **Herramientas de análisis web.** Estas herramientas nos permiten recopilar información muy valiosa sobre el comportamiento de nuestros clientes cada vez que visitan nuestra web. Por ejemplo, la herramienta *Google Analytics* nos ofrece información sobre el número de visitantes de nuestro sitio web o el tiempo que permanecen en ella.

➲ **Herramientas de seguimientos de ventas.** Estas herramientas nos permiten recopilar información sobre los pedidos realizados en nuestro sitio web. Por ejemplo, pueden realizar el número de ventas realizadas, el valor total de las mismas o la tasa de conversión (número de visitas/número de ventas).

➲ **Encuestas y cuestionarios.** Son una herramienta muy valiosa, ya que nos permiten recopilar información directamente de nuestros clientes.

Esta información puede incluir, por ejemplo, cuáles son sus preferencias, cómo han conocido nuestra tienda o si están satisfechos con su compra.

↻ **Análisis de las redes sociales.** Las redes sociales son una pieza clave a la hora de promocionar nuestros productos y llegar a nuestros clientes. Por esta razón, es importante monitorear y analizar nuestra presencia en las redes, para así poder evaluar qué contenidos funcionan mejor en cada una de ellas y ajustar nuestra estrategia de *marketing* en consecuencia.

4.2. Análisis de la competencia

El análisis de la competencia es una técnica cuyo objetivo es obtener la mayor cantidad de datos posibles sobre nuestros competidores, sus estrategias y todos aquellos aspectos externos que influyen en sus acciones de *marketing* en internet.

Un ejemplo de análisis de la competencia sería la búsqueda de aquellas palabras claves que usan tus competidores para posicionarse en los principales buscadores de internet.

A continuación, te mostramos algunas de las principales **herramientas** para el **análisis de la competencia:**

↻ *Semrush.* Se trata de una herramienta que nos ofrece todo tipo de estimaciones de lo que nuestros competidores están pagando por aparecer en las búsquedas de determinadas palabras clave en los principales buscadores de internet.

↻ *XOVI.* Esta completa herramienta no solo nos va a proporcionar información sobre las palabras claves que usan nuestros competidores, sino que, además, es capaz de analizar las redes sociales para darnos una valiosa información (número de seguidores, interacciones, comentarios, etc.) sobre nuestros competidores.

↻ *Ahrefs.* Esta herramienta nos va a permitir analizar los enlaces de nuestra propia web y de nuestra competencia, identificando cuáles de ellos permiten obtener mejores posiciones en los resultados de búsqueda de los buscadores de internet. Aunque se trata de una herramienta de pago, ofrece una prueba gratuita de 15 días.

Herramientas de análisis		

Semrush	XOVI	Ahrefs

5. Estrategias de *e-mailing* para comunicación con clientela

 **HILO CONDUCTOR**

Lucía acaba de revisar las estadísticas de visitantes de su web y se ha dado cuenta de que cada día recibe cientos de visitas de nuevos clientes. Sin embargo, una vez que han navegado por su web, rara vez vuelven a visitarla de nuevo. Le gustaría encontrar alguna manera en la que pudiera fidelizar a todos estos visitantes para que visitaran su web más a menudo.

Si bien el espectacular desarrollo de las nuevas tecnologías, al que hemos asistido durante los últimos años, ha supuesto un incremento en la cantidad de mensajes y anuncios a los que estamos expuestos en nuestro día a día, el correo electrónico sigue siendo un medio con un gran potencial para captar la atención de nuestros clientes, ya que resulta muy accesible, sencillo de utilizar y permite una comunicación mucho más personalizada que cualquier otro tipo de reclamo.

 **DEFINICIÓN**

E-mailing o e-mail marketing
Estrategia que nos permite comunicarnos directamente con nuestros clientes mediante el envío masivo de correos electrónicos a una base de datos de contactos.

El e-mail marketing es una herramienta muy útil para fidelizar a nuestros usuarios.

El *e-mail marketing* puede convertirse en una pieza clave en nuestra estrategia de comunicación, pues nos va a ser de gran ayuda en aspectos claves como la confirmación de pedidos, en el envío de *newsletters* con las últimas novedades, etc.

Adicionalmente, el *e-mail marketing* puede ayudarnos a mejorar, en gran medida, la imagen de nuestra empresa, pues nos va a permitir establecer una comunicación más personal y cercana tanto con nuestros clientes actuales como con los futuros.

A la hora de emprender una campaña de *e-mail marketing,* conviene tener en cuenta los siguientes **consejos:**

- **Actualiza tu base de contactos.** Para que una campaña de e-*mail marketing* sea efectiva, lo primordial es contar con el consentimiento de tus contactos. De nada sirve enviar mensajes a quien no los quiere recibir. Por esta razón, antes de incluir a cualquier persona en nuestra base de contactos, debemos informarle correctamente y obtener su consentimiento explícito. Igualmente, es necesario incluir, en cada uno de los mensajes que enviemos, un botón que le permita darse de baja.
- **Personaliza tus mensajes.** Las herramientas de *e-mail marketing* te permiten segmentar tu base de contactos por los criterios que mejor te convengan: edad, sexo, localización geográfica, etc., de este modo, podrás enviar mensajes más personalizados y lograr así una comunicación mucho más cercana con tus clientes.
- **Cuida el diseño.** Es muy importante que nuestros mensajes tengan una estética muy cuidada, pues, de lo contrario, nuestros clientes no se molestarán en leerlos. Las herramientas de *e-mail marketing* incorporan

plantillas de diseño que nos podrán ser de gran ayuda a la hora de confeccionar nuestros correos.

- **Ofrece un contenido conciso.** Debemos tener en cuenta que los destinatarios de nuestros correos no le van a dedicar mucho tiempo a leer su contenido, por este motivo, no podemos andarnos por las ramas y debemos crear contenidos claros, concisos y que llamen a la acción. De tal manera, que nuestros clientes tengan muy claro qué es lo que deben hacer para beneficiarse de nuestras ofertas.

Veamos, a continuación, algunas de las **herramientas** de *e-mail marketing* más utilizadas:

- *EmailOctopus.* Se trata de una plataforma de *e-mail marketing* cuyo propósito es el de ofrecer una herramienta simple e intuitiva. Dispone de plantillas personalizables muy sencillas de usar. Podemos hacer uso de su versión gratuita, que nos va a permitir crear una base de 2.500 contactos y enviar hasta 10.000 correos al mes.
- *Mailchimp.* Es una de las aplicaciones de *e-mail marketing* más populares. Muy adecuada para principiantes, ya que su curva de aprendizaje es relativamente sencilla y nos será relativamente sencillo hacer uso de todas sus funcionalidades. Dispone de un plan gratuito con el que podremos almacenar hasta 2.000 contactos.
- *ConvertKit.* Se trata de una herramienta de *e-mail marketing* especializada en dar servicios a *bloggers, podcasters* y otras empresas especializadas en la creación de audiencias. Es una herramienta muy recomendable si lo que necesitamos es poder crear campañas muy segmentadas y dirigidas a un público muy específico. Su plan gratuito nos permite almacenar hasta 1.000 suscriptores en su base de datos.
- *Moosend.* Es una herramienta de envío automático de correo electrónico que se caracteriza por disponer de una extensa biblioteca de plantillas con diferentes diseños adaptados a todo tipo de dispositivos.
- *GetResponse.* Se trata de una herramienta de *e-mail marketing* que nos va a ayudar no solo a crear mensajes de correo electrónico con todo tipo de contenido multimedia, sino también nos va a ofrecer la posibilidad de gestionar respuestas automáticas y páginas de destino integradas.
- *Doppler.* Es una plataforma de *e-mail marketing* que destaca por su sencillez a la hora de realizar todo tipo de envíos masivos o de diseñar nuestras *newsletter* para crear campañas personalizadas. Ofrece también un editor de plantillas muy fácil de usar y con el que no nos será complicado encontrar una que se adapte perfectamente al contenido de nuestros mensajes. Dispone de una prueba gratuita de 3 meses que nos va a permitir añadir hasta 500 contactos y hacer uso de todas sus funcionalidades.
- *MailJet.* Se trata de una herramienta *online* que nos permite realizar tanto campañas promocionales (para enviar ofertas de nuevos productos)

como transaccionales (para confirmaciones de pedidos). Se caracteriza por la posibilidad de realizar un seguimiento en tiempo real para asegurarnos de cuántos mensajes han llegado a sus destinatarios.

- **Easymailing.** Se trata de una herramienta de *e-mail marketing* muy intuitiva y fácil de utilizar. Está muy enfocada a empresas y usuarios con escasos conocimientos digitales. Destaca por ofrecer todo tipo de plantillas personalizables con diseños muy llamativos para poder atraer a un mayor número de suscriptores.
- **Aweber.** Es una de las plataformas de *e-mail marketing* líderes en el mercado. Está muy orientada a las pequeñas y medianas empresas, siendo su objetivo el de ofrecer una herramienta realmente simple que facilite la comunicación con nuestros clientes.

Herramientas de *e-mail marketing*

EmailOctopus	Mailchimp	ConvertKit
Moosend	GetResponse	Doppler
MailJet	Easymailing	Aweber

6. Resumen

Los avances tecnológicos a los que hemos asistido durante los últimos años han propiciado una transformación de nuestros hábitos de consumo. Las empresas no pueden ser ajenas a estos cambios. En consecuencia, toda empresa que quiera acercarse a este gran público va a tener que crear su propio sitio web, para, de este modo, asegurar su presencia en el mundo digital.

Podemos distinguir los siguientes tipos de sitios web:

Mediante la creación de un sitio web corporativo, nuestra empresa podrá beneficiarse de las siguientes ventajas:

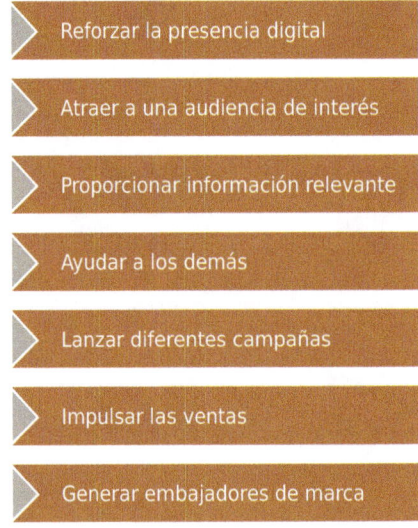

Hoy en día, existen multitud de herramientas del tipo *Content Management Systems* (CMS), que nos van a permitir diseñar y construir nuestro propio sitio web con relativa facilidad, con independencia de que podamos tener más o menos conocimientos informáticos. Entre los CMS más populares se encuentran los siguientes:

Tiempo después surgieron una serie de sitios webs llamados redes sociales, cuyo objetivo se basaba en permitir a sus usuarios conectarse, interactuar y compartir todo tipo de información en línea. Entre las principales redes sociales, podemos encontrar las siguientes:

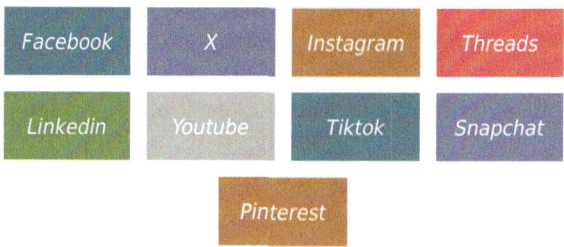

Otro de los factores claves para la transformación digital de las empresas dedicadas a la oferta de productos o servicios es el poder disponer de una tienda *online* que permita a sus clientes realizar todos sus pedidos y transacciones, sin necesidad de desplazarse presencialmente hasta las instalaciones de la empresa.

Así, disponer de una tienda *online* va a reportar numerosos beneficios para nuestra empresa:

Hoy en día, podemos encontrar en el mercado muchas herramientas que nos van a facilitar enormemente la creación y publicación de nuestra propia tienda *online*. A continuación, te mostramos algunas de las más utilizadas:

Tan importante es planificar una buena estrategia de *marketing digital,* haciendo uso de nuestro sitio web y nuestras redes sociales, como disponer de las herramientas necesarias para poder realizar un seguimiento y análisis de nuestros clientes. Veamos algunos de los métodos más comunes para ponerlo en práctica:

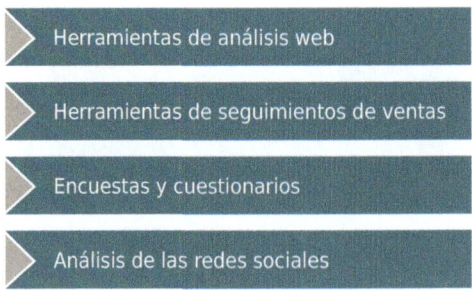

De igual modo, debemos también realizar un análisis de nuestra competencia y tratar de averiguar cuáles son sus fortalezas y debilidades. Para ello, nos serán de gran ayuda las siguientes herramientas:

Por último, no conviene menoscabar las posibilidades que aún hoy conserva el *e-mail marketing* para hacer llegar nuestros mensajes promocionales a un gran volumen de clientes, a través del correo electrónico.

Si bien es cierto que, a la hora de emprender una campaña de *e-mail marketing,* hemos de prestar mucha atención y tener muy en cuenta los siguientes consejos:

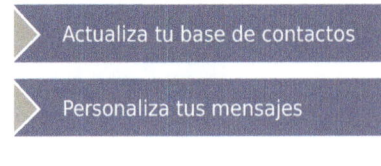

Continúa en página siguiente >>

<< Viene de página anterior

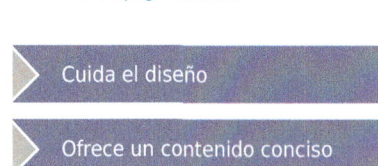

Cuida el diseño

Ofrece un contenido conciso

Entre las herramientas de *e-mail marketing* más utilizadas podemos encontrar las siguientes:

EmailOctopus   Mailchimp   ConvertKit

Moosend   GetResponse   Doppler

MailJet   Easymailing   Aweber

Ejercicios de autoevaluación
Unidad de Aprendizaje 3

1. ¿Cuál de los siguientes tipos de sitios webs tiene como objetivo ofrecer información sobre una empresa?

   a. Blog
   b. Web corporativa
   c. Tienda *online*
   d. Red social

2. ¿Cuál de los siguientes tipos de sitios webs está orientado a la creación de grupos de personas que comparten un mismo interés?

   a. Porfolio
   b. Web corporativa
   c. Blog
   d. Red social

3. ¿Cuál de los siguientes tipos de sitios webs tiene como principal objetivo el de servir de escaparate virtual que llame la atención de los clientes?

   a. Porfolio
   b. Web corporativa
   c. Blog
   d. Red social

4. Indica si la siguiente oración es verdadera o falsa: "Los sitios webs son ideales para fidelizar a nuestros clientes y crear embajadores de nuestra marca".

   ■ Verdadero
   ■ Falso

5. ¿Cuál de los siguientes elementos de un sitio web nos permite navegar entre las distintas secciones?

    a. *Home*
    b. *Body*
    c. *Menú*
    d. *Footer*

6. ¿Cuál de los siguientes elementos de un sitio web se corresponde con la página de inicio?

    a. *Home*
    b. *Body*
    c. *Menú*
    d. *Footer*

7. ¿Cuál de los siguientes CMS está especializado en la creación de sitios web muy complejos?

    a. *Wordpress*
    b. *Joomla*
    c. *Typo3*
    d. *Wix*

8. ¿Cuál de los siguientes CMS es el más utilizado?

    a. *Wordpress*
    b. *Joomla*
    c. *Typo3*
    d. *Wix*

9. ¿Cuál de las siguientes redes sociales está orientada al intercambio de mensajes cortos?

    a. *Facebook*
    b. *Pinterest*
    c. *Threads*
    d. *LinkedIn*

10. **¿Cuál de las siguientes redes sociales está orientada al establecimiento de relaciones laborales?**

    a. *Facebook*
    b. *Pinterest*
    c. *Threads*
    d. *LinkedIn*

Gestión del negocio y productividad

Contenido

Objetivos

El objetivo general de esta Unidad de Aprendizaje es:

→ Gestionar procesos de negocio haciendo uso de herramientas digitales.

Los objetivos específicos de esta Unidad de Aprendizaje son:

→ Identificar las principales herramientas de gestión de proyectos en la nube.

→ Aprender a gestionar equipos de trabajo en remoto.

→ Conocer distintas metodologías para la documentación de procesos.

1. Introducción

Los últimos avances en las tecnologías de la información y la comunicación han favorecido la aparición de nuevas formas de trabajo, por ejemplo, no siendo necesario estar presente en la sede de la compañía para poder realizar las principales tareas rutinarias.

La aparición y el perfeccionamiento de herramientas comunicativas, tales como las aplicaciones de mensajería o de videoconferencia en tiempo real, han facilitado modalidades de teletrabajo en las que los empleados pueden trabajar directamente desde sus domicilios. Pero también han supuesto una gran ventaja para aquellos empleados que, incluso estando en las sedes de la compañía, pueden reunirse con aquellos que se encuentran en otras sedes territoriales, sin necesidad de tener que desplazarse físicamente.

Para estudiar todos estos conceptos, seguiremos acompañando a Lucía, que se ha propuesto modernizar su negocio de peluquería y aprovechar todas las facilidades que, hoy en día, suponen la implantación de las nuevas tecnologías dentro de su estrategia empresarial.

2. Gestión de proyectos en la nube

☞ HILO CONDUCTOR

Lucía ha emprendido su negocio con muy buen pie. Su habilidad a la hora de ofrecer los mejores servicios de peluquería le ha granjeado una buena acogida entre su clientela y cada vez tiene que coger más y más citas de nuevos clientes. Llegados a este punto, piensa que necesita pararse a pensar cómo va a poder gestionar su negocio. Más citas significan más servicios y más clientes, lo que se traducirá en más ingresos, pero también supondrá tener que adquirir más productos, utensilios y, probablemente, tener que contratar nuevos empleados. Presiente que, si no se organiza bien, todo esto se le va a hacer muy cuesta arriba.

Cuando hablamos de **gestión de proyectos** solemos hacer referencia a todas aquellas tareas que conducen a la organización de una iniciativa concreta. Así, por norma general, cuando hablamos de gestión de proyectos, nos estamos refiriendo a la definición, ejecución y consecución de una determinada estrategia en el ámbito empresarial.

La gestión de proyectos nos ayuda a optimizar los tiempos para, así, tener más probabilidades de alcanzar nuestros objetivos.

2.1. Beneficios de la gestión de proyectos

En un mercado globalizado, donde la competencia es cada vez más acuciada, la gestión de proyectos cada día cobra más relevancia para la supervivencia de las empresas. Veamos, a continuación, cuáles son algunos de los múltiples **beneficios** que aporta a las empresas:

- **Adaptabilidad.** La gestión de proyectos permite a las empresas ofrecer una respuesta rápida ante los cambios en las demandas del mercado.
- **Capacidad de organización.** La gestión de proyectos nos va a permitir identificar las necesidades funcionales de cara a la consecución de los objetivos de la compañía.
- **Coordinación de recursos.** La gestión de proyectos nos permite aprovechar las posibles sinergias entre los recursos humanos y materiales de la organización.
- **Comunicación interna.** La gestión de proyectos ofrece la posibilidad de transferir conocimientos entre los distintos departamentos de la organización. Estableciendo, así, unos objetivos estratégicos por encima de las metas particulares de cada área.
- **Aprovechamiento del *know how*.** Mediante las herramientas de gestión de proyectos, se puede crear un *know how* o repositorio de conocimientos que permite aprovechar toda la experiencia pasada para la planificación de futuros proyectos.
- **Prevención de riesgos.** La gestión de proyectos permite identificar los riesgos y anticiparse a los problemas para poder diseñar las acciones correctivas necesarias.
- **Información actualizada.** La gestión de proyectos proporciona en todo momento información actualizada a la gerencia de la organización, sin

necesidad de que los miembros del equipo tengan que informar continuamente.

⮩ **Garantía de calidad.** La gestión de proyectos permite proporcionar al cliente un resultado acorde a sus requisitos y necesidades específicas.

En un entorno empresarial podemos afrontar la gestión de proyectos haciendo uso de distintos principios, técnicas y procedimientos. Todos estos factores suelen agruparse en torno a distintas metodologías, que se caracterizan por poseer estructuras diferentes o hacer uso de distintos flujos de trabajo.

Veamos, a continuación, alguna de las **metodologías de gestión de proyectos** más populares:

⮩ **Modelo en cascada.** También conocida como ciclo de vida de desarrollo de sistemas (SDLC), se trata de un proceso lineal en el que el trabajo se realiza en orden secuencial y de manera escalonada (imitando a una cascada).

⮩ *Scrum.* Se basa en subdividir las distintas tareas en ciclos cortos (que duran de una a dos semanas) y en la organización del personal adscrito al proyecto en equipos de trabajo de hasta 10 personas. Destaca por la presencia de un rol denominado *Scrum Master,* que es el encargado de dirigir las reuniones de seguimiento, cuyo objetivo es el de conectar a todos los participantes y garantizar que las tareas se finalizan a tiempo.

⮩ *Kanban.* Esta metodología utiliza elementos visuales, como, por ejemplo, tableros con notas adhesivas, para representar las tareas pendientes del proyecto, así como el progreso de cada una de ellas. Existen aplicaciones *online* que permiten crear tableros virtuales y, de esta manera, poder gestionar proyectos en remoto.

⮩ *Scrumban.* Es una metodología que combina aspectos de las metodologías *Scrum* y *Kanban:* utiliza una división en distintos ciclos (similar a *Scrum),* pero también permite agregar tareas individuales (como ocurre en *Kanban).*

⮩ *Prince2.* Proviene del acrónimo *Projects In Controlled Enviroments* (proyectos en ambientes controlados) y utiliza el método de cascada para definir las diferentes etapas dentro de un proyecto. De este modo, subdivide cada proyecto en 7 etapas muy definidas: puesta en marcha del proyecto, dirección, inicio, control, entrega de productos, limitación de cada fase y cierre del proyecto.

⮩ *Lean.* Su principal objetivo es el de optimizar los procesos y crear un marco sencillo que nos permite cumplir con las necesidades del proyecto, maximizando la eficiencia del equipo de trabajo. Se basa en la teoría de "eliminación del desperdicio", entendiendo por tal todas aquellas situaciones en las que se produce una pérdida en los procesos de trabajo.

- **Agile.** Técnicamente no es una metodología en sí, sino una combinación de otras como *Kanban* o *Scrum,* desde un enfoque específico que permite crear una filosofía de gestión de proyectos integral.
- **Six Sigma.** Se trata de una metodología diseñada para llevar a cabo la gestión de la calidad del proyecto. Por este motivo, suele usarse en combinación con otras metodologías como *Lean* o *Agile.* Pudiendo hablar, en estos casos, de *Six Sigma Lean* o *Six Sigma Agile,* respectivamente.
- **Ruta crítica.** Esta metodología nos ofrece la posibilidad de identificar y planificar aquellas tareas que, por su relevancia o especial dificultad, se consideran críticas dentro de un proyecto. Está especialmente recomendada cuando necesitamos gestionar grandes proyectos y asegurarnos de que los diferentes hitos y entregables se han definido de forma correcta.

2.2. Fases de la gestión de proyectos

Independientemente de la metodología que deseemos poner en práctica para gestionar nuestro proyecto, en líneas generales, todos los proyectos suelen descomponerse en una serie de **etapas preestablecidas,** que te detallamos, a continuación:

- **Análisis de la viabilidad del proyecto.** Se trata de valorar la oportunidad y los riesgos que conlleva emprender nuestro nuevo proyecto.
- **Planificación detallada.** Se trata de definir el alcance y hacer estimaciones del tiempo total y los costes derivados de acometer el proyecto para, a continuación, establecer un cronograma o calendario de ejecución.
- **Ejecución.** Se trata de llevar a cabo las distintas tareas necesarias para implementar el proyecto, de acuerdo con el cronograma elaborado en la fase anterior.
- **Seguimiento y control.** Durante esta fase, debemos establecer distintas reuniones de seguimiento, así como elaborar informes periódicos que nos permitan conocer el avance de las distintas tareas y acometer los ajustes que sean necesarios.
- **Cierre y evaluación.** Antes de finalizar el proceso, debemos elaborar un análisis de valoración de los resultados en base a los objetivos planteados inicialmente.

Hoy en día, gracias al desarrollo de internet y las tecnologías de la información, podemos encontrar en el mercado multitud de **herramientas *online*** que nos van a facilitar enormemente la gestión de proyectos. Veamos algunas de las más representativas:

- **Asana.** Se trata de un *software* en línea que, además de las funciones propias para la gestión de proyectos, incluye una serie de funcionalidades que nos van a facilitar la integración con los objetivos estratégicos de nuestra organización.

● *Trello.* Se trata de una aplicación *online* que, siguiendo el modelo de tableros de la metodología *Kanban,* facilita el seguimiento del progreso de las distintas tareas que engloban nuestro proyecto.

● *Smartsheet.* Se trata de una hoja de cálculo avanzada que incluye funciones específicas para la gestión de proyectos, como, por ejemplo, el uso de cronogramas para el seguimiento temporal de las distintas tareas que conforman nuestro proyecto.

● *Jira.* Es una aplicación diseñada específicamente para equipos de trabajo que hacen uso de la metodología *Agile* (para tareas comunes) y la metodología *Scrum* para el seguimiento de proyectos de mayor envergadura.

● *Monday.* Se trata de una completa *suite* de aplicaciones muy sencillas de utilizar, que están pensadas para pequeñas empresas que quieren iniciarse en la gestión de proyectos.

● *ClickUp.* Destaca por su poseer una interfaz muy intuitiva y colorida que facilita su uso por parte de pequeñas empresas que no necesitan otro tipo de funcionalidades más complejas.

● *Notion.* Se trata de un *software* especializado en crear y almacenar documentos dinámicos. Su principal público objetivo son aquellas empresas que tan solo requieren un espacio organizado para almacenar este tipo de pequeños documentos y compartirlos con el resto de miembros del equipo de trabajo.

● *Airtable.* Se trata de una base de datos que puede modelarse fácilmente para crear un sistema de gestión de proyectos a medida. Su objetivo es servir como base para su integración con otro *software* más específico, creado *ad-hoc* según las características y necesidades propias de la empresa.

● *Wrike.* Se trata de un sistema orientado hacia la posibilidad de poder compartir documentación sensible con otros colaboradores ajenos a la empresa. Su principal fuente es la seguridad de la información.

● *Workfront.* Se trata de una herramienta de gestión de proyectos orientada a su uso por parte de los especialistas en *marketing,* por lo que resulta ideal para este tipo de proyectos, si bien puede no ser la opción más recomendable para proyectos de otro tipo.

● *Basecamp.* Es una herramienta de gestión de proyectos que destaca por ofrecer un enfoque muy sencillo para aquellos equipos de trabajo que necesitan gestionar sus proyectos de una manera más eficiente. Posee un completo panel de control a partir del cual vamos a poder acceder a todo tipo de herramientas para la comunicación, organización de los distintos proyectos y compartición de la documentación necesaria.

Herramientas *online* para la gestión de proyectos

asana	**Trello**	**smartsheet**
Jira	**monday**	**ClickUp**
Notion	**Airtable**	**wrike**
Workfront	**Basecamp**	

Ejemplo: Gestión de proyectos con *Trello*

Vamos a ver un sencillo ejemplo de cómo podemos hacer uso de la herramienta *online* **Trello** para gestionar un proyecto personal, como puede ser la organización de una fiesta de cumpleaños.

Supongamos que es el cuadragésimo aniversario de nuestra mejor amiga y que queremos organizarle una fiesta por todo lo alto, en el local de moda y a la que invitaremos a sus mejores amigos. La ocasión es tan especial que no queremos que se nos escape ni el más mínimo detalle, todo tiene que salir perfecto. Por ello, para tenerlo todo controlado vamos a ayudarnos de una herramienta de gestión de proyectos como *Trello*.

Gestionar un proyecto con *Trello* es realmente sencillo, tan solo tendremos que seguir los siguientes pasos:

1. Abrimos nuestro navegador de internet y accedemos a la URL de la aplicación: https://trello.com/
2. Si aún no nos hemos creado una cuenta, pulsamos sobre el enlace **Obtener Trello gratis** situado en la esquina superior derecha.
3. Introducimos nuestro correo electrónico y pulsamos sobre el botón **Registrarse.**

4. En la siguiente pantalla, pulsamos sobre el botón **Cree su primer tablero.**

5. Introducimos el nombre del tablero y pulsamos el botón **Próximamente.**

6. Creamos las siguientes listas de tareas a realizar:

    a. ANTES (antes del día de la celebración)
    b. DURANTE (durante la celebración)
    c. DESPUÉS (después de la celebración)

Pulsamos el botón **Próximamente.**

7. Creamos las siguientes tarjetas (que se corresponden con las distintas tareas) y las asignamos a cada una de las listas:

    a. ANTES:

        1. Reservar el local.
        2. Enviar invitaciones.
        3. Encargar la tarta.

    b. DURANTE:

        1. Preparar la comida.
        2. Poner la música.
        3. Recepcionar a los invitados.
        4. Sacar la tarta y soplar las velas.
        5. Abrir los regalos.

c. DESPUÉS:

    1. Recoger todo el local.
    2. Compartir las fotos en las redes sociales.

8. Podemos compartir el tablero con nuestro equipo de trabajo, pero, como no es el caso, pulsamos sobre el enlace **Omitir.**

Si todo ha ido según lo esperado, se nos mostrará en pantalla nuestro nuevo tablero que debería tener la siguiente estructura:

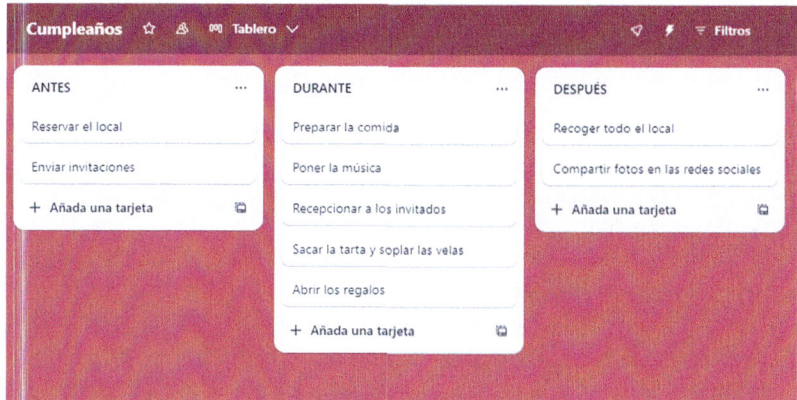

A partir de aquí, la aplicación nos permite realizar todo tipo de modificaciones, tales como:

- Añadir nuevas listas.
- Añadir nuevas tarjetas a las listas.
- Intercambiar las tarjetas de una lista a otra.
- Modificar el aspecto visual de cada una de las tarjetas (color, imagen de fondo, etc.).
- Compartir el tablero con cualquiera de nuestros colaboradores.

 TAREA 5

Lucía sabe que el trato al cliente es vital para cualquier negocio de peluquería. Por esta razón, quiere elaborar una serie de directrices para determinar cada una de las tareas que deben realizar sus empleados para realizar un servicio.

Continúa en página siguiente >>

<< Viene de página anterior

De esta manera, ha elaborado la siguiente secuencia de acciones que deberían llevarse a cabo para atender a los clientes que solicitan alguno de los servicios de su negocio:

- ANTES DEL SERVICIO:

  - Atender la solicitud de cita previa.
  - Anotar la cita en la agenda.
  - Enviar un mensaje al teléfono del cliente recordándole la hora de su cita.

- DURANTE EL SERVICIO:

  - Recepcionar al cliente.
  - Prestar el servicio (lavado, marcado, peinado, etc.).
  - Cobrar el servicio.

- DESPUÉS DEL SERVICIO:

  - Enviar la encuesta de satisfacción.

Ayuda a Lucía a crear un tablero con la aplicación *Trello* en el que se indiquen las tareas básicas que se han de realizar para atender a un cliente que acude a su peluquería.

---

3. Creación y funcionamiento de equipos en remoto

☞ HILO CONDUCTOR

A todas luces, podría decirse que el negocio de Lucía va viento en popa. Su metodología de trabajo ha conseguido un magnífico estándar de calidad para los servicios que presta en su peluquería. Por este motivo, últimamente le viene rondando por la cabeza la posibilidad de expandir su negocio, abriendo nuevos locales en otras ciudades con poblaciones similares a la suya. Sin embargo, le da miedo no poder controlar personalmente estos nuevos locales y no sabe muy

Continúa en página siguiente >>

<< Viene de página anterior

bien cómo va a poder coordinarse con las personas que se queden al frente de cada uno de ellos.

- -

Con motivo de la pandemia del covid-19, muchas empresas se vieron forzadas a improvisar modalidades de teletrabajo para poder continuar con su actividad. Con el paso del tiempo, una vez recuperada la normalidad anterior a la pandemia, esta modalidad de trabajo a distancia se ha convertido en una opción muy interesante que supone numerosos beneficios para empleadores y empleados.

No obstante, el teletrabajo también supone una serie de retos que deben afrontar las empresas, entre ellos, el saber cómo ser capaces de mantener la **cultura empresarial** de la compañía en un entorno de no presencialidad.

En otras palabras, en un entorno de teletrabajo, las empresas deben replantearse qué tipo de acciones deben acometer para inculcar a sus empleados los valores que la empresa quiere transmitir hacia sus clientes y, a su vez, que los propios empleados se sientan identificados con la marca a la cual representan.

El sentimiento de pertenencia a la marca es uno de los factores más influyentes en la calidad del trabajo de los empleados y en su relación con el cliente.

A la hora de afrontar un reto, como la transmisión de la cultura empresarial en un entorno de teletrabajo, nos puede ser de gran utilidad hacer uso de los siguientes **consejos:**

◒ **Procurar tener una comunicación fluida y constante.** En un entorno de trabajo remoto, la comunicación con los empleados debe cuidarse mucho más aún que en un entorno presencial. Para ello, podemos hacer uso de todo tipo de herramientas (*e-mail,* sistemas de mensajería, videollamadas, etc.) Así, ayudaremos a prevenir el sentimiento de soledad de nuestros empleados y fomentaremos un sentimiento de pertenencia al grupo de trabajo que redundará en un mayor compromiso con la organización.

◒ **Seleccionar el talento adecuado.** Aquellas personas que ya cuentan con unos valores más en consonancia con los propios de la compañía serán menos propensas a querer marcharse y pondrán todo de su parte por integrarse con el resto del equipo. De igual modo, debemos prestar especial atención al proceso del *onboarding* en remoto y diseñar un plan específico de acogida a los nuevos empleados que les haga sentirse acogidos por el resto del equipo, aunque sea en la distancia.

◒ **Ejercer un buen liderazgo.** Si tuviéramos que destacar un factor clave para el éxito de cualquier modalidad de teletrabajo, ese es el de la confianza. Todo buen líder debe conocer a la perfección a cada uno de los miembros de su equipo para confiar en que serán capaces de realizar sus tareas sin la supervisión continua de sus superiores jerárquicos. De lo contrario, el trabajo a distancia puede convertirse en un gran impedimento para el cumplimiento de los objetivos de la compañía.

◒ **Perseguir una socialización a distancia.** Las nuevas tecnologías de la comunicación nos ofrecen multitud de herramientas que nos pueden ayudar a organizar todo tipo de eventos colaborativos *online.* En ellos, nuestros empleados pueden aprovechar para conocerse y compartir sus experiencias con el resto de los compañeros. Lo cual ayudará a la creación de una cultura común y a incrementar el sentimiento de pertenencia a la empresa.

◒ **Hacer uso de estrategias de gamificación.** Es posible crear juegos *online* en los que nuestros empleados tengan que elaborar una estrategia de colaboración para así poder conseguir un objetivo en común. En estos juegos, las tareas se transforman en misiones, a través de las cuales se pueden conseguir todo tipo de recompensas virtuales, que fomentan la motivación de los trabajadores.

◒ **Generar encuestas de cultura empresarial.** Podemos hacer uso de distintas encuestas que nos permitan conocer la implicación de nuestros trabajadores con respecto a los valores y los objetivos de la compañía.

ACTIVIDAD COMPLEMENTARIA

5. Tal y como hemos visto en la sección anterior, una de las estrategias que pueden ayudarnos a crear una cultura empresarial puede ser la aplicación de una estrategia de gamificación entre nuestros empleados. Lucía está muy interesada en este tipo de metodologías orientadas al juego y se ha propuesto crear un programa de gamificación entre sus empleados para fomentar así su sentimiento de marca y su compromiso con los valores de la empresa. Ayuda a Lucía a diseñar esta estrategia de gamificación: piensa cuáles serían los retos que hay que superar por los empleados y cuáles podrían ser las recompensas que se van a obtener. Puedes consultar en internet para inspirarte en gamificaciones que se hayan llevado a cabo en negocios similares.

---

4. Creación y documentación de procesos en formato digital

 HILO CONDUCTOR

Lucía tiene muy claro cómo quiere que funcione su negocio y, hasta ahora, no ha tenido muchos problemas a la hora de transmitírselo a sus empleados. Sin embargo, con la reciente expansión y la apertura de nuevos locales, le es muy difícil hacer llegar todas estas explicaciones a sus empleados, que ahora están repartidos por distintos puntos geográficos. Necesitaría aprender la manera de hacerles llegar toda esta información en algún documento que, a modo de manual, pudiera garantizar que todos sus clientes van a recibir el mismo tratamiento, independientemente de a cuál de sus locales acudan.

Suele ser habitual que, cuando una empresa crece en volumen de negocio, también se vuelva mucho más compleja. Una empresa más grande implica que haya más personas partícipes en los procesos de negocio y no siempre es fácil organizarlas de manera eficiente.

 **DEFINICIÓN**

Documentación de procesos

Técnica que consiste en crear una guía detallada que nos muestre cada uno de los pasos necesarios para completar un proceso de principio a fin. Todas estas guías servirán como punto de referencia para que los distintos miembros del equipo entiendan cómo debe ejecutarse cada uno de los procesos de negocio de la organización.

La documentación de procesos garantiza el cumplimiento de las normas de trabajo.

4.1. Beneficios de la documentación de procesos

La documentación de procesos supone una serie de **beneficios,** no ya solo para la empresa, sino también **para los empleados** que, de una u otra manera, intervienen en los distintos procesos:

- **Reduce las pérdidas de tiempo y los errores.** Cuando los responsables de llevar a cabo una determinada tarea están seguros de cuál es su función, es mucho más probable que cometan menos errores y trabajen de una manera más eficiente.
- **Crea un repositiorio de conocimientos.** La documentación de procesos nos permite recopilar toda la información clave sobre los distintos procesos empresariales y almacenarla en un mismo lugar. Así, los empleados

con menos experiencia pueden hacer uso de esta documentación para mejorar sus conocimientos y habilidades.

➲ **Da autonomía a los empleados.** A menudo, los procesos empresariales suelen ser muy complejos y se necesita un período de tiempo más o menos extenso para su comprensión. La documentación de procesos facilita que los empleados puedan realizar todo tipo de consultas de forma autónoma, sin necesidad de depender de sus compañeros más veteranos.

➲ **Mantiene alineados a los miembros del equipo.** La documentación de procesos ayuda a que los distintos equipos que han de colaborar para elaborar un determinado producto, o prestar un servicio concreto, puedan colaborar e interactuar de manera más eficiente, ya que todas sus tareas han sido previamente definidas y documentadas.

➲ **Ayuda a la incorporación de nuevos empleados.** La documentación de procesos facilita la incorporación de nuevos miembros al equipo de trabajo, al ofrecerles una fuente de documentación que está siempre accesible. De esta manera, cuando un nuevo empleado se incorpora al proyecto, no necesita preguntar continuamente a sus compañeros cómo funciona todo, sino que puede consultarlo en la documentación.

➲ **Aporta claridad y crea coherencia.** Las guías de proceso y manuales técnicos garantizan que cada uno de los empleados sepa qué es lo que se espera de ellos y asegura que todos los productos o servicios se van a desarrollar de manera coherente, con los mismos niveles de calidad.

➲ **Ayuda a detectar cuellos de botella.** La documentación de procesos nos va a ser de gran ayuda a la hora de identificar aquellas áreas susceptibles de mejora. A partir de este análisis, los jefes de proyecto pueden crear un plan de acción para mejorar las áreas que así lo requieran.

4.2. Cómo documentar un proceso

A la hora de proceder a la documentación de un proceso, conviene seguir una metodología concreta para asegurarnos de que no nos pasamos por alto ninguno de los detalles. Para ello, conviene seguir los siguientes **pasos:**

➲ **Paso 1. Identificar y nombrar el proceso.** Lo primero que tenemos que hacer es identificar el proceso que vamos a documentar. Indicando claramente cuál es su propósito y adjuntando una breve descripción de este.

➲ **Paso 2. Definir el alcance y los límites del proceso.** Se trata de describir brevemente qué acciones se incluyen en el proceso y cuáles quedan fuera de su alcance. Debe contestar a preguntas del tipo: ¿cuándo empieza y termina el proceso? ¿Cómo se sabe cuándo está hecho? ¿Cuáles son los resultados esperados? Así, podremos determinar si el proceso cumple con su cometido.

- **Paso 3. Identificar las entradas del proceso.** Se trata de indicar cuáles son los recursos necesarios para ejecutar cada uno de los pasos del proceso.
- **Paso 4. Explicar los pasos del proceso.** Es quizá la tarea más delicada, pues debe ser capaz de mostrar la manera de ejecutar cada una de las tareas necesarias para llevar a cabo el proceso, de manera comprensible para cualquier persona que se incorpore al equipo de trabajo. Para ello, nos será muy útil contar con la ayuda de los responsables directos de cada una de estas tareas.
- **Paso 5. Organizar los pasos secuencialmente.** Una vez definidas cada una de las tareas necesarias para llevar a cabo el proceso, debemos organizarlas en orden secuencial para crear así un flujo ordenado y fácil de entender.
- **Paso 6. Designar las personas implicadas.** Es muy importante determinar quiénes serán las personas responsables de cada una de las tareas del proceso, definiendo con todo detalle cuáles son sus funciones y necesidades.
- **Paso 7. Visualizar el proceso.** Consiste en elaborar un diagrama gráfico donde se visualicen claramente cada uno de los pasos del proceso, lo cual nos ayudará a mejorar la claridad y la legibilidad de la documentación.
- **Paso 8. Añadir puntos de control.** Es importante identificar dónde se encuentran aquellos puntos más susceptibles de ocasionar cualquier tipo de error que pueda comprometer el resultado del proceso. Es en estos puntos donde debemos añadir puntos de control para verificar que el proceso sigue su marcha según lo esperado.
- **Paso 9. Revisar y probar el proceso.** Finalmente, conviene reunir a todas las personas implicadas para que revisen y evalúen la documentación del proceso. De este modo, tendremos una mayor seguridad en que no hemos pasado por alto ningún aspecto relevante.

4.3. Tipos de documentación de un proceso

Cuando queremos documentar un proceso, podemos hacer uso de todo tipo de documentación (gráfica, textual, audiovisual, etc.). Sin embargo, existen una serie de **modelos** que, por su simplicidad y funcionalidad, se han venido usando tradicionalmente para esta tarea. Veamos algunos de los más utilizados:

- **Diagramas de flujo.** Está formado por distintas formas geométricas que representan cada una de las tareas involucradas en el desarrollo del proceso, conectadas por líneas o flechas que indican el flujo del proceso. Este tipo de diagramas resulta de gran utilidad a la hora de descomponer procesos complejos, ya que permite crear una guía visual fácil de entender.

○ **Diagramas espagueti.** Está formado por diferentes líneas, llamadas fideos, que conectan una serie de pasos. Este tipo de representación es muy útil para mostrar cómo interactúan entre sí las diferentes tareas implicadas en un proceso determinado. Así, los miembros del equipo pueden comprender las dependencias existentes entre todas ella.

○ **Mapas de procesos.** Permiten dividir un proceso en secciones más pequeñas y, así, visualizar con más claridad los factores que afectan a cada una de las etapas del trabajo. Cada etapa incluye tres tipos de elementos (objetivos, actividades y entregables). Cada uno de ellos nos va a permitir conocer si estamos realizando la tarea correctamente o si, por el contrario, tenemos algo que corregir.

○ **Diagramas de carriles.** En aquellos procesos en los que intervienen varios equipos, los diagramas de carriles nos permiten documentar cuáles son las funciones de cada equipo y cómo afectan a otras partes del proceso.

○ *Checklist* **de procesos.** Se trata de una lista enumerada donde se indican los distintos pasos necesarios para completar un proceso. Este tipo de listas permiten a los empleados verificar que no se han saltado ninguno de los pasos.

APLICACIÓN PRÁCTICA

Lucía está bastante preocupada por cómo se están ofreciendo algunos de los tratamientos de belleza en aquellos locales en los que no puede estar presente. Para ella, es muy importante que todos sus clientes reciban el mismo trato y se les apliquen los distintos tratamientos de la misma manera, independientemente de a cuál de los locales acuda. Para ello, necesita poder elaborar algún tipo de documentación que ayude a sus empleados a asegurarse de que no se han saltado ninguno de los pasos necesarios para aplicar correctamente cada uno de los tratamientos que se ofrecen en la peluquería.

¿Cuál de estos tipos de documentación crees que sería la más adecuada?

* **Diagramas de flujo**
* *Checklist* **de procesos**
* **Diagramas de carriles**
* **Mapas de procesos**

Continúa en página siguiente >>

<< Viene de página anterior

Solución

Aunque cualquiera de las opciones puede ser muy útil para visualizar las distintas tareas que forman parte de un proceso, únicamente el *checklist* de procesos está diseñado específicamente para ser utilizado por los empleados a medida que van ejecutando cada una de estas tareas. Su principal objetivo es asegurar que no se han saltado ninguno de los pasos necesarios para llevar a cabo el proceso.

5. Resumen

Los últimos avances en las tecnologías de la información y la comunicación han propiciado la aparición de nuevas formas de teletrabajo en las que los empleados no tienen por qué estar físicamente en la sede de la compañía.

El término **gestión de proyectos** hace referencia a todas aquellas tareas que conducen a la organización de una tarea concreta. Lo cual aporta múltiples beneficios a las empresas:

A la hora de hacer frente a la gestión de los distintos proyectos de nuestra empresa, podemos hacer uso de diversas metodologías. A continuación, te mostramos algunas de las más populares:

Continúa en página siguiente >>

<< Viene de página anterior

Sea cual sea la metodología que escojamos, a la hora de poner en práctica la gestión de proyectos, conviene tener en cuenta las siguientes fases:

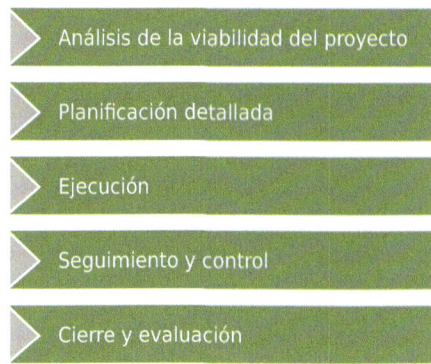

Actualmente, existen numerosas aplicaciones en línea que nos serán de gran ayuda a la hora de poner en práctica nuestra gestión de proyectos. Veamos algunas de las más utilizadas:

El auge del teletrabajo ha traído consigo numerosos beneficios no solo para las empresas, sino también para sus empleados. No obstante, algunos empresarios temen que la no presencialidad pueda ser un impedimento a la hora de mantener la cultura empresarial de la compañía.

Para tal fin, hemos de tener en cuenta los siguientes consejos que nos serán de gran ayuda a la hora de hacer frente a un entorno de teletrabajo:

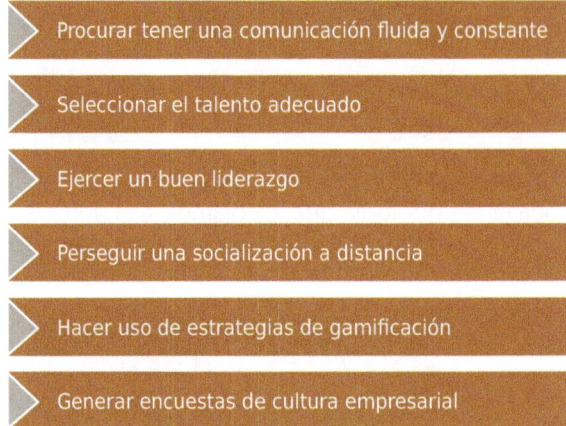

Procurar tener una comunicación fluida y constante

Seleccionar el talento adecuado

Ejercer un buen liderazgo

Perseguir una socialización a distancia

Hacer uso de estrategias de gamificación

Generar encuestas de cultura empresarial

Por otro lado, debemos tener en cuenta la necesidad de establecer un mecanismo de documentación de procesos que nos va a reportar una serie de beneficios muy interesantes para nuestra organización:

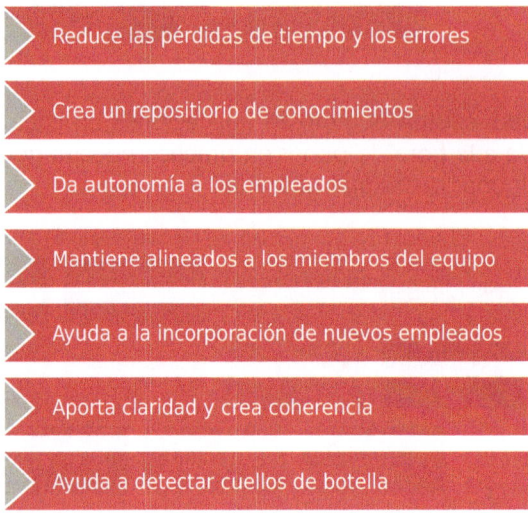

Reduce las pérdidas de tiempo y los errores

Crea un repositiorio de conocimientos

Da autonomía a los empleados

Mantiene alineados a los miembros del equipo

Ayuda a la incorporación de nuevos empleados

Aporta claridad y crea coherencia

Ayuda a detectar cuellos de botella

De este modo, cuando nos dispongamos a documentar un proceso, nos será de gran ayuda seguir los siguientes pasos:

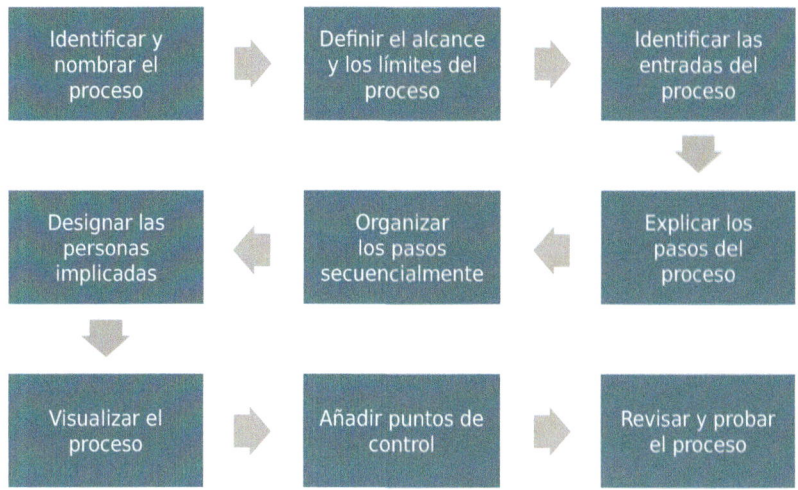

En cuanto a los modelos que podemos incluir dentro de esta documentación, podemos utilizar cualquier formato, aunque por norma general se suelen utilizar los siguientes modelos estandarizados:

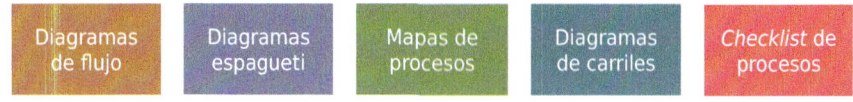

Ejercicios de autoevaluación
Unidad de Aprendizaje 4

1. ¿Cuál de las siguientes metodologías de gestión de proyectos subdivide el proyecto en 7 etapas bien definidas?

   a. *Scrum*
   b. *Lean*
   c. *Prince2*
   d. *Agile*

2. ¿Cuál de las siguientes metodologías de gestión de proyectos se caracteriza hacer uso de elementos visuales como tableros con notas adhesivas?

   a. *Scrum*
   b. *Lean*
   c. *Six Sigma*
   d. *Kanban*

3. ¿Cuál de las siguientes metodologías de gestión de proyectos se caracteriza subdividir las distintas tareas en ciclos cortos de una o dos semanas?

   a. *Scrum*
   b. Agile
   c. Modelo en cascada
   d. *Kanban*

4. Indica si la siguiente oración es verdadera o falsa: "La gestión de proyectos requiere que los responsables envíen informes periódicos a la gerencia de la organización para que esta pueda disponer, en todo momento, de la información más actualizada".

   ■ Verdadero
   ■ Falso

5. ¿En cuál de las siguientes fases de gestión de un proyecto se valoran los riesgos que conlleva iniciar un nuevo proyecto?

    a. Análisis de la viabilidad
    b. Planificación detallada
    c. Seguimiento y control
    d. Cierre y evaluación

6. ¿Cuál de las siguientes herramientas sigue el modelo de tableros de la metodología *Kanban*?

    a. *Jira*
    b. *Trello*
    c. *Airtable*
    d. *Smartsheet*

7. ¿Cuál de las siguientes herramientas destaca por su interfaz muy colorida e intuitiva?

    a. *ClickUp*
    b. *Trello*
    c. *Asana*
    d. *Workfront*

8. ¿Cuál de las siguientes herramientas está especializada en proyectos de *marketing*?

    a. *Monday*
    b. *Notion*
    c. *Wrike*
    d. *Workfront*

9. ¿Cuál de los siguientes diagramas de documentación se utiliza para aquellos procesos en los que intervienen varios equipos?

    a. Diagrama de flujo
    b. Mapas de procesos
    c. Diagrama de carriles
    d. Diagrama espagueti

10. ¿Cuál de los siguientes diagramas está formado por distintas formas geométricas que representan cada una de las tareas del proceso?

    a. Diagrama de flujo
    b. Mapas de procesos
    c. Diagrama de carriles
    d. Diagrama espagueti

Glosario

Big data
Rama de la informática que se centra en el estudio de grandes volúmenes de datos (estructurados o no estructurados).

Blog
Sitio web cuyo principal objetivo es ofrecer información sobre un tema muy específico.

Buscador
Sitio web cuya principal función es la de ayudar a los usuarios a encontrar otros sitios webs.

Gestor de base de datos
Programa destinado al almacenamiento, organización y recuperación de grandes volúmenes de datos estructurados.

Hoja de cálculo
Programa especializado en la organización y manipulación de diferentes tipos de datos numéricos.

Inteligencia artificial
Rama de la informática especializada en la creación de sistemas capaces de realizar actividades propias de los seres humanos.

Internet de las cosas
Técnicas informáticas que permiten la conexión a internet de todo tipo de objetos cotidianos.

Landing page
Página cuyo único objetivo es persuadir al usuario para que realice una acción determinada.

Porfolio

Sitio web en el que predomina el contenido multimedia y cuyo principal objetivo es el de servir de escaparate virtual.

Procesador de texto

Programa especializado en la creación y edición de documentos de texto.

Realidad aumentada

Tecnología que permite superponer elementos virtuales sobre nuestra propia visión del mundo que nos rodea.

Realidad virtual

Entorno tridimensional, generado por computadora, que permite simular situaciones reales e, incluso, la interacción entre varios usuarios.

Robótica colaborativa

Tecnología que permite la creación de robots destinados a trabajar en colaboración con los humanos.

Bibliografía

Monografías

→ LÓPEZ López, D.: *Introducción a la transformación digital.* Barcelona: UOC, 2020.

> Introducción histórica del concepto de transformación digital y la propuesta de una estrategia de implantación en las organizaciones, basada en un modelo de cuatro ejes de transformación.

→ L'HUILLIER, G., MUÑOZ, G. y VEGA, P.: *Estrategias de transformación digital.* Barcelona: CONECTA, 2020.

> Muestra el impacto de la transformación digital en la estrategia y los modelos de negocio de las empresas, atendiendo a los desafíos de la llamada Cuarta Revolución Industrial.

→ MORENO Jabardo, J.: *Transformación digital.* Madrid: Editorial Elearning, 2018.

> Lectura que presenta la transformación digital como una necesidad para la adaptabilidad de las empresas ante un ecosistema digital. Defiende el cambio como una constante empresarial y subraya la importancia de conocer las distintas herramientas digitales para no resistirse al cambio, sino ser capaz de acompañarlo y adaptarse al mismo.

Textos electrónicos, bases de datos y programas informáticos

→ Aplicaciones incluidas en la suite Microsoft Office, de: https://learn.microsoft.com/es-es/office365/servicedescriptions/office-applications-service-description/office-applications

> Documentación oficial sobre la *suite Microsoft Office.*

→ Cómo hacer un plan de transformación digital, de: https://www.iebschool.com/blog/como-hacer-un-plan-de-transformacion-digital-digital-business

> Breve explicación sobre los principales conceptos a la hora de elaborar un plan de transformación digital.

→ Documentación de procesos, de:
https://miro.com/es/mapa-procesos/que-es-documentacion-procesos/

Concepto de documentación de procesos y cuáles son sus ventajas para las empresas.

→ El correo electrónico: una herramienta básica para comenzar en internet, de: https://www.incibe.es/ciudadania/blog/el-correo-electronico-una-herramienta-basica-para-comenzar-en-internet

Consejos para el buen uso del correo electrónico.

→ Evelyn Berezin, la creadora del primer procesador de textos, de:
https://www.bbc.com/mundo/noticias-46567517

Biografía de Evelyn Berezin en la que se hace un recorrido por los principales hitos que marcaron su vida profesional.

→ Gestión de equipos en remoto, de: https://teaminsights.io/es/blog/noticias/gestionar-equipos-en-remoto-mientras-se-mantiene-la-cultura-de-la-compania/

Consejos para mantener la cultura de la compañía cuando se trabaja con equipos en remoto.

→ Guía completa sobre la gestión de proyectos, de:
https://www.holded.com/es/blog/gestion-proyectos

Concepto de gestión de proyectos, su importancia para las empresas y listado de las herramientas más populares para llevarla a cabo.

→ Herramientas de videoconferencia en la empresa, de: https://www.cucorent.com/blog/herramientas-videoconferencia-la-empresa/

Colección de algunas de las principales herramientas de videoconferencia y su aplicación en el ámbito empresarial.

→ Historia de Microsoft Office, de: https://www.tuexperto.com/2021/05/14/cual-es-la-historia-de-microsoft-office-te-la-contamos-desde-sus-inicios/

Cronología de las distintas versiones de *Microsoft Office*, desde sus inicios, allá por el año 1990, hasta las últimas versiones en la nube.

→ Internet, navegadores, intranet y correo electrónico, de: https://www.navarra.es/documents/48192/7309402/5.+Conocimientos+basicos+de+las+redes+sociales+Facebook+Twitter+Instagram+y+WhatsApp.pdf/

Explicación detallada sobre los principales servicios y herramientas de internet.

→ La importancia del correo corporativo, de:
https://www.escoem.com/es/consejos/importancia-correo-corporativo/

   Breve análisis sobre las principales ventajas del uso del correo corporativo para las empresas.

→ La industria 4.0., de: https://www.repsol.com/es/energia-futuro/tecnologia-innovacion/cuarta-revolucion-industrial/index.cshtml

   Características propias de la Cuarta Revolución Industrial y breve explicación sobre las tecnologías asociadas.

→ Las herramientas de ofimática de *Google: Google Workspace*, de: https://www.franciscorubio.es/las-herramientas-de-ofimatica-de-google-google-workspace/#Google_Workspace_herramientas_para_crear_diversos_archivos

   Características de *Google Workspace* y explicación detallada sobre cada una de las herramientas que incluye.

→ Los mejores programas para leer el correo electrónico, de:
https://www.adslzone.net/listas/mejores-programas/correo-electronico/

   Relación de los principales clientes de correo electrónico.

→ *Marketing online,* de: https://www.ok-otto.com/marketing-online/

   Donde se explica qué es y cómo poner en práctica el *marketing online*.

→ Metodologías más populares para la gestión de proyectos, de:
https://asana.com/es/resources/project-management-methodologies

   Explicación detallada sobre las principales metodologías para la gestión de proyectos.

→ Plantillas para correos electrónicos de venta, de:
https://www.zendesk.es/blog/motherlode-sales-email-templates/

   Ejemplos de plantillas de ventas para usar en nuestro correo electrónico.

→ Principales proveedores de correo electrónico, de:
https://mailchimp.com/es/resources/most-used-email-service-providers/

   Breve descripción sobre los proveedores de correo electrónico más utilizados.

→ Qué es la documentación de procesos, de:
https://creately.com/blog/es/diagramas/guia-documentacion-procesos/

   Guía sencilla sobre el concepto de documentación de procesos y algunos trucos sobre cómo llevarla a cabo.

→ Qué es una intranet y cómo funciona, de: https://www.servnet.mx/blog/intranet-que-es-como-funciona-y-cuando-es-recomendable

Definición del concepto de intranet y principales ventajas de su uso por parte de las empresas.

→ Razones para almacenar tus documentos en la nube, de: https://www.docusign.com/es-mx/blog/razones-para-almacenar-sus-archivos-en-la-nube

Se enumeran las distintas ventajas de la contratación de un servicio de almacenamiento en la nube.

→ Siete consejos para la gestión eficaz del correo electrónico, de: https://www.bitrix24.es/articles/7-consejos-para-una-gestion-eficaz-del-correo-electronico-para-tu-equipo.php

Algunos trucos que nos ayudarán a ser más eficientes en la gestión de nuestro correo electrónico.

→ *Software* de gestión de proyectos, de:
https://asana.com/es/resources/best-project-management-software

Principales herramientas para la gestión de proyectos.

→ Transformación digital, de: https://www.ok-otto.com/transformacion-digital/

Breve introducción sobre el concepto de transformación digital y sus principales beneficios para las empresas.

→ Transformación digital. Qué es y su importancia y relación con los datos, de: https://www.powerdata.es/transformacion-digital

Explica en qué consiste la transformación digital y valora su importancia para las empresas haciendo énfasis en los procesos de tratamiento de datos.

→ Ventajas de la gestión de proyectos, de: https://www.tipsempresariales.com/tips/10-ventajas-de-la-gestion-de-proyectos-gestion-de-proyectos

Principales ventajas de establecer un procedimiento de gestión de procesos en la organización.

→ ¿Qué es la ofimática y cuáles son sus principales programas?, de: https://www.emagister.com/blog/sabes-que-es-la-ofimatica-y-cuales-son-los-principales-programas/

Concepto de ofimática, sus ventajas para las empresas y enumeración de los principales programas de este sector.

→ ¿Qué es la ofimática y para qué sirve?, de:
https://www.esic.edu/business/que-es-la-ofimatica-para-que-sirve-c

Concepto de informática y su aplicación en el ámbito laboral.

→ ¿Qué es la ofimática?, de: https://watchandact.eu/que-es-la-ofimatica/

Introducción al concepto de ofimática y su relación con la transformación digital.

→ ¿Qué es la transformación digital?, de:
https://www.sap.com/spain/insights/what-is-digital-transformation.html

Definición de la transformación digital y sus beneficios para aquellas empresas que no quieran sucumbir a los cambios del mercado.